# 为了教师的
# 自主成长
## ——教师成长故事

肖世林　李芝伦　罗洪彬◎主编

WEILE JIAOSHI DE
**ZIZHU CHENGZHANG**
——JIAOSHI CHENGZHANG GUSHI

西南财经大学出版社

中国·成都

图书在版编目(CIP)数据

为了教师的自主成长/肖世林,李芝伦,罗洪彬主编.—成都:西南财经大学出版社,2022.7
ISBN 978-7-5504-5290-9

Ⅰ.①为…  Ⅱ.①肖…②李…③罗…  Ⅲ.①中小学—师资培养—研究
Ⅳ.①G635.12

中国版本图书馆 CIP 数据核字(2022)第 044103 号

# 为了教师的自主成长
## ——教师成长故事

肖世林  李芝伦  罗洪彬  主编

策划编辑:李邓超
责任编辑:王青杰
助理编辑:王  琴  石晓东
责任校对:金欣蕾
封面设计:墨创文化
责任印制:朱曼丽

| | |
|---|---|
| 出版发行 | 西南财经大学出版社(四川省成都市光华村街55号) |
| 网　址 | http://cbs.swufe.edu.cn |
| 电子邮件 | bookcj@swufe.edu.cn |
| 邮政编码 | 610074 |
| 电　话 | 028-87353785 |
| 照　排 | 四川胜翔数码印务设计有限公司 |
| 印　刷 | 四川五洲彩印有限责任公司 |
| 成品尺寸 | 170mm×240mm |
| 印　张 | 35 |
| 字　数 | 622 千字 |
| 版　次 | 2022 年 7 月第 1 版 |
| 印　次 | 2022 年 7 月第 1 次印刷 |
| 书　号 | ISBN 978-7-5504-5290-9 |
| 定　价 | 99.00 元(全三册) |

# 前言

《礼记》曰："玉不琢，不成器。"教师应当永葆教育初心，担当"为党育人，为国育才"使命，需要"琢"好自己这块"玉"。

"琢"定专心。"不一则不专，不专则不能。"专心教书育人，才能不断成长。然而，林林总总的困惑常会让人眼花缭乱，也易使人浅尝辄止。"任尔东西南北风，'坚守杏坛'不放松。"教师要心无旁骛，义无反顾，静修师德，提升素养，用奋斗与奉献标注绚丽的青春。

"琢"精专业。"闻道有先后，术业有专攻。"精修专业，才能不断发展。"业精于勤荒于嬉，行成于思毁于随。"教育虽是一门有遗憾的艺术，但这丝毫不能阻挡教师前进的脚步。教师要拒绝平庸的勤奋，且思且行，不断地丰富专业知识，提升专业技能，优化专业方法，发展专业思维，争做专业能手。

"琢"优专长。"人贵有一技之长。"有所专长，才能不断超越。"梅须逊雪三分白，雪却输梅一段香。"教师要结合自身特点与发展需要，着力培育自己的特长，练就过硬本领，以专长给教育的人生增值。

"工欲善其事，必先利其器。"要实现从"能教"到"会教"再到"善教"的迭代，教师就应当"琢"就专心、专业与专长，成为引领莘莘学子幸福成长的专家。

当然，这是一个持续不断、循序渐进的动态过程，贯穿于教师的整个职业生涯。而且关键就是自主"雕琢"，自主成长，自主成优。专家说，真正优秀的教师都是"自燃物"，至少是"易燃物"，一般"可燃物"都还有希望，"不燃物"就难以成才成优了。

江阳区着力于构建教师发展支持体系，旨在营造良好的教师成长环境，唤醒"自燃物""易燃物""可燃物"型教师，驱动他们自"雕"自"琢"，成就自我。当然，我们也努力让"不燃物"型教师耳濡目染，把他们装进奔驰前行的列车中，不至于被甩得太远。

那么，千千万万教师是否被唤醒、激活、驱动了呢？让我们打开江阳教育之窗，环视一个个教师个体的职业生涯，解读他们生动感人的教育故事，分享其有喜有忧、有笑有泪的教育生活。

江阳教育人有数千，"自燃物""易燃物"型教师有数百，他们在繁忙的工作之余留于笔端的故事也不能在本书中完全展示。在信息时代，如何让读者了解一二而知全貌，举一隅而以三隅反呢？我们的做法是，号召而征集，海选而遴择。于是众多真实的教师成长故事，跃然于我们的面前，激荡着我们的心灵。

我们撷取了其中的47个故事，汇编成本书。本书分为启航篇、提升篇、突破篇、领航篇4个部分，从教师的视角，展现江阳区教师的风貌，勾勒出江阳区教师在大环境熏陶下、在各种培训作用下的生命"自燃"、蜕变成"蝶"的形象。

第一部分为启航篇，共选编9个教师自主成长故事，讲述新入职教师在岗前培训中，在生涩的讲台上，在初为人师的教育教学生活中，牢记"为了每一朵花儿的精彩绽放"的责任担当，在"星光不问赶路人"的专业成长之路上跋涉，努力"把自己站成最美的风景"。

第二部分为提升篇，共选编19个教师自主成长故事，呈现各位教师通过多维途径，坚持自主研修，再次出发的精神风貌。他们"但行前路，无问西东"，"悦行在学习的大道上"，追求"成为另一个我"，让

"花"开得更美。

第三部分为突破篇，共选编 10 个教师自主成长故事，叙写骨干教师通过专题培训，厚积薄发。他们在"衣带渐宽终不悔"中实现成长，在教育过程中看到灿烂成长之光、绚丽教育之花。

第四部分为领航篇，共选编 9 个教师自主成长故事，展示领航教师"负大舟，积厚水"，坚定目标，坚信"唯有破茧，方能成蝶"，勤勉地"潜心耕耘，智慧引领"，彰显教育个性。

这些故事，不是诗人的激情挥洒，也不是小说家的文学渲染，而是他们平凡的研修生活的记录。他们用质朴的话语、平淡的文字，演绎出自己职业生命的精彩。

阅读这一个个自主成长故事，可以让读者仿佛置身于别样而精彩的研修培训中，与作者一起前行在一条名叫"卓越"的专业发展之路上。仁者见仁，智者见智，解读文字，还原生活。无论是对做教师培训的教育工作者，还是对新入职教师而言，本书或许都会为其带来一定的思考与启迪。

学无止境，学海无涯。让我们在专业成长和推动教师发展的路上，"不待扬鞭自奋蹄"，踏出响亮的足音，照射出耀眼的光芒。

**编者**

2022 年 6 月

# 目录

## 突破篇

## 领航篇

启航篇

# 为了每一朵花儿的精彩绽放

泸师附小教育集团高新区小学校　易青

教师的成长过程是一个从青涩到成熟的过程，这个过程可能十分漫长，也可能比较短暂。我在这个成长过程中，因为得到了区教研培训中心和学校领导、老师们的指导、帮助和支持，在短短两年多的时间里，取得了较大的进步。

2019年，我顺利通过了江阳区教师公开招聘考试，开心地到学校就职了。我喜欢小孩，也拥有丰富的理论知识，原以为能够轻松胜任教师这一岗位，但现实并不是这样的。我的课堂情况很糟糕，学生们始终无法真正安静下来，甚至在上课时会跑到讲台上来告状。对于学生在课堂上的表现，我也是批评多、表扬少，总是将关注的目光投向做小动作的学生。我的教学思路总是被打断，自己和学生的心情都受到很大影响。

混乱的第一个月过去后，迎来了国庆节，我翻出了新教师培训时记下的笔记，将遇到的问题向学校的老教师请教。经过这一次的学习和调整，我制定了一整套的规范，挑选出合适的学生助手，在课堂上将更多目光投向表现良好的学生，在学生学习状态不佳时适时给予表扬以振奋其精神。学生的表现果然有了很大的转变，我也体会到了教师持续学习的重要性。

2020年11月，我有幸获得了学校提供的一次学习机会，和同事一起到重庆参加了魏书生专场报告会，这次培训对我的影响特别大。回到学校后，我在语文教学和班级管理方面又进行了几项大的调整，取得了不错的效果。

首先是找出学生的优点。魏书生老师说：今天回去，你们就为每个学生找出二十个优点。你们也可以为每个学生找出十个优点，让学生自己找出十个优点。我想，二十个优点太多，十个优点总是好找的，但事实上要从每位学生身上都找出十个优点来还是不容易的。

我花了一天时间，终于为每位学生列出了至少三个优点。剩下的优点，我思考再三，终于想出了一个办法——让学生们互找优点。于是我打印了一张表，在上面列出了所有学生的名字，让每一个学生填一张表，列出他们认为每位同学的一个优点。在学生填表的时候，我就走到他们的身后，念出一两个其他同学写出的优点。比如，张某某同学想象力丰富、向某某同学是说笑话大王……教室里充满了欢笑，同学们互找优点更卖力了。

通过这个让学生们互找优点的过程，我还发现了学生们的一些我之前没有关注到的优点。比如，曹某某同学虽然上课注意力很容易分散，但其实是一名足球高手；龙某某同学手工做得非常好；冒某某同学跑得很快……我对我的学生有了更全面的了解。

我将学生们找出的优点整理出来，挑出每个人十个最突出、最独特的优点，并将其打印出来，让学生们传阅。在期末写素质教育报告的时候，我又把这些优点写在了班主任评语那一栏。

其次是适时鼓励，强调学生的正确行为。我在重庆参加培训时，还学会了制作喜报。回到学校后，在学生交作业后，我都会发一次喜报。我最希望学生们书写工整、词汇量丰富，于是批改抄写生字作业时，我就会刻意去寻找书写最棒与词汇量最丰富的学生，然后制作成喜报。

对于每周的日记，我也将能主动写到300字以上学生日记的具体字数标注在喜报上，到期末时，已有两三名同学的日记可以写到1 000字以上。而当时课标对他们的书面表达的要求还只是写话。

此外，为了增强班级凝聚力，也为了提高每一位学生的写作积极性，我想出了一个故事模板，组织学生共同编写童话故事。我们班的学生共同编写的第一本故事是《王子寻宝记》。故事的背景是荷花公主被巫婆关在了城堡里，巫婆要求荷叶王子去往46个国家，取得46件宝物，才能将荷花公主放出来，于是王子踏上了寻宝之路……

之所以要写46个国家与46件宝物，是因为我们班当时共46名学生，正好每一名学生写一个国家与一件宝物。

当然，学生们写的内容并不是很完善，出现了句子不通顺、标点符号不正确、错别字连篇的问题。于是我就亲自指导每一位学生，让他们反复重写，直到每一位学生都能写出一个完整的故事。这个过程花了一个多月的课余时间。之后我在网上找到了一家合适的打印店，自掏腰包把这个集体创作的故事打印了50份，每位学生都有一份。学生们拿到自己的作品时，课间都不出去玩了，兴奋地翻阅着。他们在二年级上学期时终于当上了小作者，同时成为自己和其他同学作品的小读者。

创作故事的行动还在持续着，在二年级下学期，我们创作了《王子学艺记》的故事，该故事讲述了乐学国的王子为了能通过老国王的考验，向48位师傅学习48项技能。王子学会48项技能后，回到乐学国成了新一任雄才大略的国王。之所以这次要写的是48项技能，是因为当时我们班来了2名新同学。而之后我们班又转来了3名新同学，因此在我们即将撰写的《王子复国记》故事中，王子逃亡时就必须经过51个国家、结识51个朋友了。

教师汲取了更多的养分，才能让学生更茁壮地成长，更精彩地绽放。在我的教学生涯的开始阶段，感谢有这么多珍贵的学习机会，也感谢指导过、帮助过我的领导、同事和区教研培训中心的教师们。正是有了他们的无私付出，我们才能少走弯路，孩子们也才能少走弯路。

# 用青春之笔绘成长精彩

泸州市实验小学城西学校　杨宇

　　"铃声响，进课堂，书本文具桌上放。"随着学生们整齐响亮的口令声在教室中响起，属于我和学生们的数学课堂就要从这里开始了。惊觉一年前我还是坐在教室里的学生，如今自己已经站在这三尺讲台之上。正是因为在学生时代遇到了很多优秀的老师，有他们的谆谆教诲和真挚无悔的付出，才让我的内心萌发出了"我也想要成为像他们一样的人"的想法。一年前，我带着青涩步入教师行业，成为一名人民教师，时光匆匆，我愈发懂得教师背后的艰辛，而一路的艰辛更加让我坚定了初心。

## 三尺讲台，精彩演绎

　　作为一名年轻的数学老师，我很庆幸来到了同样年轻的泸州市实验小学城西学校，这里有新的"五育融合"教育理念和自导式课堂，有倾囊相授的优秀前辈，有志同道合、携手前行的伙伴们。还记得有一天，师傅突然对我说："徒儿，区上要我们学校一个新老师去上公开课，到时候就你去哦！"初生牛犊不怕虎的我自信满满地答应下来，后来才知道原来到时候整个江阳区的数学老师都会来听课。起初，我欣喜于拥有这样一个难得的机会，但后来又忐忑于自己表现不好。什么都不懂的我满怀热情、干劲儿十足，渴望在这难得的机会中精彩亮相。我怀着忐忑的心情，开始备课、钻研教材、阅读教学参考书、搜集各种资料，经过多次修改和调整，才开始了我的第一次磨课。可当我以为自己准备好了一切的时候，才发现自己需要学习磨炼的还有太多太多。初次上课之后，年级组的老师们就"进位加法"这堂课究竟如何进行"五育融合"，自导式课堂对于一年级的孩子而言如何自导等问题，有针对性地提出了很多建议。因此，课堂设计的情境引入、新课讲授、课堂练习方面都有了很大的调整。

我想磨课就是这样的，不经过一次次的打磨学习，又怎么会有新的进步与成长呢？在备课组伙伴们和师傅的帮助下，我又开始了详细案例的设计，不断地调整课堂用语，小到希沃课件的动画顺序，大到语言组织和课堂时间把控。身边的老师们总能指出我的问题与不足，耐心地指导，体贴地鼓励与安慰。他们的陪伴让我切身感受到了身边同事的优秀与亲切。在那段时间里，我的成长是飞快的。

## 千锤百炼，百炼成钢

修改，修改，不断调整。当我又一次觉得自己可以了的时候，鼓起勇气再次试课，谁知一下课，大家的评价如一大盆冷水浇了我个透心凉。组内的同事们提出了诸多问题："情境导入问题引入太慢""自导互学环节的语言不够精练""板书不同计算方法时不够有层次"……那一刻，我的脑袋直发晕，大家笑称这是"打击式提高，抗压式升华"。回到办公室，我继续"战斗"。针对老师们评课时提出的建议，我对课件进行了更加严谨的修改，提前预设了很多学生可能提出的问题。晚上，我对着镜子预演了无数遍，接下来又是一轮轮的磨课。最后，学校还请来了区上的教研员来指导。虽然仍旧有问题存在，但是此时我的心态已完全不同。我深知"教育是遗憾的艺术"，坦然接受不足，才能奋勇向前。

正可谓"精心出精品，意识须先行"。一场精彩的公开课背后是不知疲倦、多次修改，有多少次推翻又重来，有多少前辈们、同伴们的指导关爱，有多少次晚上睡在床上静静地在脑海中想象展示流程。虽然这一路走来是辛苦的，但一切的付出都是值得的，因为我在这次公开课中的成长是迅速的。那天，在公开课开始时，我忐忑不安地走上讲台，可当我看见孩子们的笑脸时，心中突然豁然开朗，我已进入课堂并与孩子们共同成长。在短暂的40分钟后，我收获了听课老师和领导们的好评，这成为我内心最暖的一抹阳光。同时，我充分明白，一个教师的成长不是简单地纸上谈兵，也不是一味地闭门造车，而是勇敢地暴露自己的缺点，再不断地尝试、反思、借鉴，才能在一次次磨砺中成长。

## 感悟初心，行动不停

公开课的顺利进行，使我焦虑的心情得到了缓解，而后我迅速调整好心态，一步一个脚印地继续我的教师生涯。我坚持脚踏实地的精神，秉承认真负责的态度，不断探索教学方法与技巧，积极向其他老师请教学习，积累丰富的工作经验，在不断努力中提升自我。随着对教师工作的熟悉，我发现身边的领导和同事们都在这看似平凡的岗位上，做着不为人知的琐碎工作，书写着人生的精彩。这让我更加清醒地认识到，只有牢记使命，才能砥砺前行；只有奋斗不止，才能彰显生命的华彩；只有坚持一丝不苟、立德树人的工作态度，才能牢牢守住教师这份职业的关卡。是啊，人在短时间内，全心全意地做成一件事，其实不难，难的是在平淡的岁月里时刻提醒自己做好许多事，因为琐碎的工作背后是看不到的枯燥、烦闷、迷茫、压力。既然选择了这份职业，就应该始终如一，不忘初心，继续前行。

时间悄悄流逝，我在磨砺与挑战中慢慢成长，也全身心地融入了泸州市实验小学城西学校这个大家庭。果然，人犹如铁砧，愈被敲打，愈能发出火花。当我承受了前所未有的压力时，也悄悄地成长了。当接到工作任务时，我从一开始的焦虑、畏惧，逐渐变得从容、自信。终于，我的努力和奋斗以一种令人惊喜的方式回应了我，学生们稚嫩、天真的笑容伴随着一声声"老师好！"的温暖问候，领导们信任的目光与认可，给了我勤勤恳恳、严谨负责的动力，给了我担当责任、首当其冲的力量。

一分耕耘，一分收获，不断追求，不断超越。温暖热忱的教育初心，让我满怀热情地步入教师行业；同事的互相帮扶与携手并进让我感受到了无比的温暖。有梦敢追，有情尽燃，我愿继续成长，用青春之笔绘成长的精彩！

# 星光不问赶路人

泸州市第十五中学校　陈雨杉

　　夜深了，结束费时费神的阅卷工作后，我关上窗，屏蔽了窗外那萧瑟的秋风和零星的雨点，裹紧毛毯，开始回顾这三年来的"赶路生活"。

　　三年前，我还沉浸在教师公开招聘被成功录取的喜悦之中。开学前两天，我突然接到学校通知，告知我由于当时教学工作安排的各方面考虑，我得接手初一、初二各一个班的语文教学工作。从此，我便开始了持续三年的跨年级教学生活。

　　和我美好的想象完全不同，真正的一线教学并没有大学时曾预设的学生能说出标准答案的完美课堂，也不像实习时期看师傅上课的轻松无忧。原来老师的下课并不是下班，原来备课需要这么多时间和精力，原来课堂需要师生共同努力去完成。加上现实的各种因素，我很快便意识到这份工作并不轻松，对我来说甚至具有很强的挑战性。

　　成为一名光荣的人民教师后，我的早起闹钟增加至五个。早上六点半，连续五次的闹铃声让我的大脑强行"开机"。在匆忙洗漱用餐后，我飞奔去车站与学生们一起挤早班公交。早上八点，我已开始在教室里穿梭，时而像个巡逻的士兵，时而宛如絮叨的"老妈子"。中午结束用餐后，与其他同事一样，我得赶往教室监督学生们午休。那么剩下的时间用来干什么呢？这也是我在读书时很想知道的事情。我现在找到了答案，便是沉浸在各种批阅作业、与学生交流谈心中去了。作为新教师的我，不得不利用自己的休息时间紧急加班和备课。很多陌生的课文以及自己生涩的教学手段，总让我手忙脚乱。我也曾在好几个深夜哭完一场后，继续备课。此刻，跨年级教学的"苦"好像已体现得淋漓尽致，但现实告诉我好像还不止于此。

　　都说"后妈难当"，作为一个刚毕业且毫无经验的新手"菜鸟级后妈"，我每天还得直面一群正值青春期且主意颇多的孩子们，这更是难上加难！三年前，我闯入了他们的生活，我的世界也多了许多新鲜的体验：第一次为了别人的成绩焦头烂额，第一次被气到回办公室一个人偷偷地抹眼泪，第一次意识到被这么多小朋友需要也是非常温暖的。

直到初三时，我在他们以"青春"为话题的作文中才看到，原来我给他们留下的第一印象并不算很好。换位思考一下，原本习惯、依赖、爱戴的语文老师突然被换掉了，我应该也会产生某种莫名的排斥情绪。在刚开始的课堂上，我不厌其烦地一一指出并纠正学生出现的各类错误。几堂课下来，大多数学生都被我纠正过错误。当时班上有几名男生，由于接受知识速度慢一点，被我纠正的次数甚至达到四五次。我有时候心里一着急，还免不了批评他们几句。此时本就不够默契的我们，对彼此都不太满意。

一小段时间后，我开始觉得课堂氛围越来越沉闷。回想着课堂上死一般的沉寂，我陷入了沉思，询问好几位有经验的老教师后，我找了学生谈话，才明白原因是我过分"周到"，挫伤了学生们学习语文的积极性。试想，若是自己在学习时，老师也是不停地打断、纠正，怎么不会感到气馁和受伤呢？

在这次教学失误之后，我开始尝试补救的方法。对于学生学习实践的任何尝试，我都应该采取鼓励的态度，同时也告诉学生："错误是不可避免的，这没有值得害臊的地方。我也喜欢你们的错误。"从那以后，我常常微笑着、耐心地听完学生回答，而且及时制止其他同学的嘲笑，保护学生的自尊心和学习语文的积极性。在平时的教学活动中，我不再吝啬对学生的表扬和激励，因为我也能够深刻地体会到：得到别人的肯定会带来多大的喜悦，更何况他们是一群孩子。慢慢地，在学生积极发言、热烈讨论的活跃课堂氛围中，我也有了享受的感觉。

面对当时垫底的教学成绩，我积极参加新教师培训，请教导师，与同行研讨，四处搜集各类教学方法、手段，也曾在手机备忘录中记满了前辈们的有效经验。或许是"初生牛犊不怕虎"，我秉着"一点点努力都是进步"的信念，开始绞尽脑汁，在初二这个班级里开始我的试点工作，采用了"先富带动后富法""小组合作加分法""个人单科绝对排名、进步排名奖励法"等各种教学方法。同时，我逐渐走进了学生们的内心世界。

2021年的国庆节前夕，这群已升入高中的学生们结伴回来看望我。他们叽叽喳喳地与我分享高中生活的趣事，诉说面对新挑战的痛苦。看到某些孩子的留言，说他们很想我，我的心里暖暖的。此时我想起实习时，那所中学的校长曾对年轻教师们说："教育就是一个不完美的人带领一群不完美的人走向完美的过程。"

老舍的《养花》中也曾有这样一段话："我爱花，所以也爱养花。我可还没成为养花专家，因为没有工夫去作研究与试验。我只把养花当作生活中的一种乐趣，花开得大小好坏都不计较，只要开花，我就高兴。"我爱教育这个职业，可我还没有成为名师，因为我还没有研究透彻，我也不奢望能成为名师，但是教师确实是我喜欢的一份事业，不求惊天动地，只求做好自己分内的工作。看着一群群天真的孩子们快乐、健康地成长，这不正是一种幸福吗？

从此以后，教育路上的"苦"好像可以被抵消了。我也意识到，在拼命"赶路"的同时，好像也可以抬头仰望漆黑的夜空，或许此时正有闪耀的星光伴我同行。我还是那个朴素的少年，还想看遍这世界，还愿意相信我会成为最想成为的人。因为星光不问赶路人，时光不负有心人。

# 心有明月昭昭，千里赴迢遥

分水岭镇初级中学　余艳秋

"长亭外，古道边，芳草碧连天……"伴随着毕业的歌声，我依依挥别了校园生活。秋风动，黄云高，日暮万里涌。满怀着一腔的热血，我迈向了全新的工作岗位。从刚进入岗位的手忙脚乱到逐渐进入状态，从无所适从、挑灯夜战再到目的明确、得心应手，这一次次的挑战和一次次的蜕变，见证了我在千里迢遥的路上，披荆斩棘奔赴远方的成长。

## 成长之路之蹒跚学步

在工作的第一年，学校安排我在"国培"活动中上一节诊断课。第一次参加区级公开课的我心里很慌乱，紧紧地握着备课本却不知道从哪里入手。师傅看出了我的六神无主，笑着对我说："艳秋，数学里的每个知识都是有关联的，要上好一节课你得先摸清这个知识生长的脉络，从哪里生根，在哪里发芽，我们要埋好伏笔，加以甘露才会开出绚丽的花，结出甜美的果。"她说的这一番话深深烙在我的心底。

摸清脉络必须得顺藤摸瓜，仅仅局限于这节课是不行的。因此我首先花了两天的时间去研读课本与教学参考书，询问前辈们学生对于这门课的掌握程度。心里有个大致方向后，我才开始动手制作PPT。后来我才明白，这就是所谓的自主备课，它是教学中非常关键的一个环节。借用教研员王晓兰老师的一句话来说就是："你复制别人PPT的东西可能是标准的，但它永远不会变成你的亮点，也不会成为你的风格。"只有加入了自己的思考，一节课才会有灵魂。

接着，团队的集体备课让我的教学设计更为精准。在历经了明确方向，感受"为什么学"；规划思路，理解"怎么学"；实践过程，体验"学什么"；运用成果，理解"有何用"；评价活动感悟"得失处"这几个过程的思考后，我初步修订了备课稿。让我没想到的是，在这样精心设计的课堂上也出现了很多问题，如知识的容量过多、时间的把握不到位、课堂内容衔接生硬等。小到一个问题的提问，大到重难点的突破以及整个设计的思路，前辈们都进行了讨论。我汲取了他们的宝贵意见，在大刀阔斧地整改后，第二次的课堂效果好了很多。晚上，我修改了几处细枝末节的地方，第二天就赶着去方山学校上课。这次课堂效果很好，教研员张惠芳老师说："小余，上课很有激情，很有感染力。"我表面谦虚地摆摆手，其实心里已经乐开了花。这次课下来，我收获满满，它不仅是一种心理支撑，而且让我厘清了上公开课的几个关键点。在我看来，自主备课是灵魂，集思广益是关键，团队打磨得以升华。这也成了我以后上公开课不可或缺的几个要素。

## 成长之路之牙牙学语

上次课的经历给了我很大的勇气，第二年我报名参加了江阳区组织的优质课竞赛。在充分的准备以及团队成员的帮助下，在首轮初赛教师技能说课比赛中，我获得了第一名的佳绩，冲进了决赛。万万没想到决赛面临的是一个"王者"级别的课题——"将军饮马问题"，也叫最短路径问题。经验尚浅的我初次接触这个课题，思索半晌也没想出同侧两点到直线的最短路径，最后看了教科书解析才豁然开朗。我很惊讶，以自己的知识储备都很难想明白这个问题，那学生们又该怎么理解这个问题呢？难道我要把这个知识点灌输式地教给孩子们吗？但我无法说服我自己。

正当我一筹莫展的时候，一个电话让事情有了转机。这是我们数学组的教研员王晓兰老师打过来的，她关切地询问了我的准备情况，犹如抓到救命稻草的我马上把自己的困惑给王老师说了。王老师听了我的关键问题后对我说："艳秋，这相当于一次考试，虽然我不能提前给你漏题，但我建议你可以查查学生们学过的其他与最短路径相关的问题。"一语点醒梦中人。通过了解，原来学生们已经学过两点之间线段最短这一知识，"化折为直"便是它的突破点，这使得一切变得迎刃而解了。这让我更加深刻地体会到知识的脉络往往蕴含着我们想象不到的生命力，看似抽象的知识点一旦有了生长点，只需要稍加滋润便会顺着脉络生根发芽。

通过了学校的重重把关与磨课，我终于来到了决赛现场，但由于自己准备得不够充分，在真正上课时才发现几何画板打不开。当然更多的体会是自己与其他优秀的前辈还有很大的差距，对知识的掌握程度不够，课堂内容也不够丰富。虽然只取得了第二名，但能够在入职第二年就取得这个成绩，便是对我的肯定和鼓励，我相信以后的路总会越走越远的。

## 成长之路之少年初长成

工作之后你会发现时间就如白驹过隙一般，转眼三年就这样过去了。学生们即将面临中考，我也迎来了第三次公开课——试卷讲评课。这节课对我而言也是有难度的，但有了前两次的经验，我对上这节课充满信心。试卷讲评课与一般课堂的备课又有所不同。它的讲评步骤首先是选择试题，然后及时批改，紧接着分析试卷的易错题和知识点。其次让学生自己改错题，这是很关键的一步，学生自己先查漏补缺，找到自己的问题，我们在评卷的时候才能做到目标清晰。最后讲评试卷，重点讲解主要存在的问题，可以让学生自主合作，展示自己的解题思路。

当真正备好课后，你在上课时才能有得心应手的感觉。更惊喜的是：由于前期把所有问题和可能出现的情况预设好之后，初三的孩子们居然也争相参与进来，上台做答疑小老师。虽然这离不开数学老师彭星对他们的悉心培养，但还是给了我很大的惊喜。把课堂交给学生们，让他们真正地把自己融入课堂，这不就是学习该有的样子吗？学习固然重要，但同时能够表达自己、敢于表达自己，这才是我们新时代的少年。

三年时间，学生们从懵懂的"熊孩子"，长成了翩翩少年郎。他们有时很可爱，有时很淘气，有时很倔强，有时很坚强。你会看到每个孩子都有他们独特的一面，家长把他们交到我们手里，对我们有着殷切的期盼，期盼着老师能喜欢他们的孩子，期盼着孩子们能在学校夯实基础、展翅翱翔。我很庆幸这一路走来和他们一起欢笑、一起在挫折中成长。

成为一名优秀教师的路还很长，我要向着把自己提升成一个有理想信念、有道德情操、有扎实知识、有仁爱之心的好教师的目标继续前进。路在远方，而我正启航，天空澄澈，微风正暖，未来可期。

# 新教师成长之路

高新区中学  扶珊


"徘徊着的，在路上的，你要去哪……"正如朴树这首《平凡之路》一样，我的教师成长之路也是一条不断前进的平凡之路。

两年前，从大学毕业的我和很多毕业生一样，怀着憧憬踏上了期盼已久的工作岗位。从学生转变为教师，从坐在座位上听教师讲课到站在讲台上给学生们讲课，这不仅是身份的转变，而且是心理上的转变。教什么？怎么教？如何教得好？作为一名新教师的我有很多的疑问。

江阳区教研培训中心和学校为我们提供了很多学习的平台和机会，新教师培训、"青蓝工程"、"国培计划"、跨校教研等丰富多彩的活动使我们的专业素质和专业技能得到不断提高。我们一边学习理论知识，一边在工作中实践着。

对一个新教师最好的历练就是上公开课，公开课是锻炼新教师的最佳平台。我正是从两次公开课中得到不断历练、收获与成长的。

第一次公开课是学校组织的"课堂教学大比武"的赛课活动，这次公开课要求教师自选课题内容后进行录课。在经过前期的准备后，我便进行了第一次磨课。当然，第一次的课堂效果不尽如人意，如存在导入部分时间过长、情景化教学设计不够优化等诸多问题。教研组的教师们提出了很多宝贵的建议，并利用课余时间帮助我修改教学设计。在向大家请教的过程中，我慢慢地对课堂知识有了自己的理解。在大家的帮助下，经过了反复的磨课和修改，进行了多次录课后，本堂课终于稍显成熟。最后，我也取得了让自己很惊喜的结果。很由衷地感谢所有给予我支持和帮助的人。

第二次公开课是在 2020 年，我有幸参加了江阳区组织的 2020 年"国培计划"——江阳区新入职教师培训。在工作坊坊主李青梅教师的带领下，我和工作坊的各位教师们一起学习，共同探讨。在培训过程中，我得知要在区里上公开课后，既兴奋又紧张，兴奋的是对我来说这是一个很好的锻炼机会，但同时内心也充满了忐忑和不安。虽然我以前也在校内上过公开课，但毕竟面对的是自己熟悉的教师和学生。而这一次是在其他学校上课，台下坐着区内各个学校优秀的教师们，我感觉自己不知从何开始。焦虑了一个下午后，我开始慢慢沉静下来。这次公开课既是对自己的一大挑战，又是一个锻炼自己的机会，而我也应该更好地把握住让自己成长的机会。

在知晓上课课题后，我便开始准备，通过不断挖掘文本信息，将一个个看似简单的句子进行无数次的研究，直至把文本研究透彻。每个教学环节的设计都经过深思熟虑，每次磨课后我都收获了教研组教师们的宝贵建议。我一次一次地反复修改，一次一次地进班磨课，一次一次地在空荡的教室进行试讲，甚至精确到了上课时要说的每一句话、每一个提问。终于，我还算比较完整地完成了这次公开课。虽然这次公开课还有很多可以提高的地方，但对当时的我来说，已经做到了我的最好。

实践出真知。通过这两次的历练，我对英语的自导式教学有了更深刻的理解。比如听说课，应多注重对学生听和说的能力的培养，对新单词的教授不只是教师教、学生读，应该放在具体语境中，让学生感知和体会。阅读课的模式虽然大体一致，但是各个环节设计的活动、每个活动的目的、希望达到的效果等，都应该体现学生自主学习、自主习得、自主输入和输出的过程。比如，在课前要求学生进行自主预习，那具体的预习任务应该如何落实呢？如何才能让不同层次的学生发挥出自己最好的水平呢？这些问题都是需要在课前进行充分考虑的。

此外，教育应该是触动学生心灵的教育。课堂的活动要充分融合"五育"，英语课堂不仅是发展学生智育的平台，而且需要让学生体会自主学习语言的过程，让学生获得文化知识，理解文化内涵。英语是一门语言学科，教师在教学过程中更应该让学生从内心真正喜欢上这门语言。

"你能做什么？你该做什么？你是谁？"通过新教师的各种培训，我不断学习、实践、收获、成长。在2020年"课堂教学大比武"评选活动中，我以课堂实录"Unit6 I'm going to study computer science. 1a～1c"荣获江阳区一等奖、泸州市一等奖、四川省二等奖。当然，成绩属于过去，现在的我回过头去看我第一次录课的视频，能够从中找到很多可以完善和提高的地方。同样，我现在回过头来思考在区上上公开课时的教学设计和教学环节，也产生了很多不一样的新想法。而将来的我回忆今天的想法时，也会有很多不同的思考。当时的我已经做到了当时的最好，而现在的我可以做得比当时更好。

成长不是一天之内你就学会很多事，而是当你思考以前所做的事时，会找到有很多可以改进的地方，会有新的想法。而正是这些新的想法促使你有新的提高。

记得青梅教师在一次讲座中曾说："教育应该是思想的拓展，视野的开阔。"这句话我至今铭记在心，一名英语教师看待问题的视野就应该长远、广阔，不应该仅局限于课本上的知识，在课堂上应助力于扩展学生的国际视野，不断培养学生的思维能力，要重视"思"的过程。

感谢教研员在"江阳区初中英语新教师培训"中给予我宝贵的锻炼和展示自我的机会；感谢高新区中学为我提供的一切保障；感谢学校英语教研组团队的姐妹们一次又一次地帮助我磨课；感谢在我身边的教师们，正因为有你们的呵护、陪伴与关爱，才有不断成长的我。

我是众多青年教师中的一员，我的教师职业之旅才刚刚启航，我将坚持专注自身专业成长，在未来之路上，多学习，勤思考，不徘徊，向前走。

# 把自己站成最美的风景

泸州市第十中学校　朱丽萍

不积跬步，无以至千里；不积小流，无以成江海。

——题记

## 初登赛台多忐忑

2019 年秋，一个在家长眼里毫无信服力、好似只有十几岁的女孩站上了讲台。开学不到一个月，还未顺利完成从不谙世事、一心求学的学生到教书育人、塑造灵魂的工程师转变的她，便接到一个艰巨的任务：参加江阳区初中教师教学技能大赛。初赛是说课。虽然她在大学教师资格证面试和教师公开招聘面试时有过说课的经历，但毫无经验可言，只会跟着网上的模板进行内容填充、背诵，只求不出大的差错。而这一次的教师教学技能大赛才是真正意义上的说课。

初登讲台的她，面对教材总是感到束手无策，不知道课堂上该讲什么、讲多少，也不知道怎么确定、突破重难点。所以她在拿到比赛题目的第一时间，便几番请教学校教研组及其他经验丰富的教师们，一步步确定教学目标、教学重难点后，才开始设计教学过程。只见她每天穿梭在初一、初二八个班以及处理班级琐事的缝隙间，在自己的电脑前下载了一个又一个教案、课件，从中进行筛选、组合、创新；奋战数天后，教学内容终于初见雏形。她在说课稿上写下了需要讲的每一句话，逐字逐句进行背诵，生怕出现一丁点儿差错，又请学校教研组的教师们进行点评。她站在学校的实验室里，虽强装镇定，但颤抖的手和结巴的话语彻底"出卖"了她。

比赛那一天，她像 9 月新生入学报名要见家长们一样，挑选了衣柜里看起来最显成熟的一套衣服。赛前，她手中拿着稿子，嘴里念念有词，心扑通扑通、毫无节奏地乱跳，做了无数个深呼吸才走进赛场，望着台下充满智慧的眼睛，她在此时将自己是个教师忘得一干二净。然后，她大脑一片空白，完全无法思考，嘴巴靠着仅存的肌肉记忆完成了说课。她知道这次说课太丢脸了，但她抱着完成任务的心态，也很快忘记了这次说课比赛的经历。

## 几经研磨促成长

2021 年春，在"国培计划"新入职教师初中历史工作坊研修活动中，这个女孩的身影又出现了。

这次的工作坊研修以课例研究结对帮扶为主要形式。第一次研修是备课研讨，新教师自主进行新课教学设计，提交成型稿给导师，导师再针对教学设计提出问题与改进建议。女孩用仅有的一周时间，再次深度研读课标、解读课文、推敲教学语言，每天出现在各个历史老师眼前，下班后还要和工作坊导师交流。在第二次研修的微格课上，女孩不能说是惊艳四座，倒还算得上是落落大方。但在听了同行们的展示以及导师们的点评后，女孩知道，不管是对教学基本功、教学理念、教学目标的把握，还是对教材的理解与驾驭，对教学过程的设计与操作以及对教学效果的预见，自己都还有待提高。

终于迎来了课堂教学，女孩站上了陌生的讲台，面对台下见识广的学生们以及许多优秀的同行。虽然是第一次站上这个讲台，但我们不难看出她日渐增长的底气。在她的引导下，课堂气氛的活跃程度超出预期。更为意外的是，有个学生居然代表班级大胆地过来要女孩的联系方式，在同行教师们的打趣中，女孩不好意思地红了脸，但更加自信了，还有什么比得到学生的肯定更让人开心的呢？最后一次研修是中国共产党成立 100 周年"百师百课"课堂展评，女孩有幸成为课堂展示的一员。还是同样一节课，还是城里的学生，经过再次完善后，课堂效果却让女孩大失所望。当问题抛出但鸦雀无声时，我们会看到女孩稍显紧张；当一只、两只手举起来时，我们能感受到女孩的庆幸与希冀。

从微格课的自导自演到两节课堂实战教学，女孩真正理解了一个词——"课堂生成"。没有完美的预设课堂，我们不可能完全预设会发生的课堂状况，不可能完全预设学生会有的回答或疑问。同样的一节课，在两个不同的班里所呈现的效果会截然不同，教师还是那个教师，不同的是学生的知识深度、广度和思想见解。原来，教育的技巧并不在于能预见课堂的所有细节，而在于根据"课堂生成",巧妙地引导学生处理问题。而要达到这一境界,女孩还有很长一段路要走。

在四次研修活动中,女孩在学校、工作坊两头穿梭。他人上课她上课,他人休息她补课,在专家们的指导下,在每次上台的展示中,精进的不只是学科知识、学科素养,磨炼的更是她个人从内到外的一种气质,这种气质俨然已形成她自己独特的教学风格,展现出自己的教学魅力。

## 再上赛场展风采

2021年秋,女孩再次站上江阳区初中教师教学技能大赛的赛场。回想起曾在这个赛场上紧张到手足无措的自己,仿佛就在昨天。从说课稿到课件的设计,从教学流程的编排到说课语言的推敲,她都经过了认真的思考和取舍。在学校教研组教师们的帮助下,说课稿多次被修改和完善。女孩想,这次只要站上赛场看到评委老师们不发抖,只要能清晰、流畅地介绍完她的设计思路,就是一次进步,这次比赛就没有白来。最后,女孩竟有幸晋级技能培训课堂展示。在惊喜的同时,新一轮的磨炼又开始了。

决赛是上课,女孩选的是八年级上册第十七课——"中国工农红军长征"。根据所在学校八年级学生的心理特征及其认知规律,她采用情境教学和活动探究的教学方法,以"教师为主导,学生为主体",教师的"导"立足于学生的"学",放手让学生自主探索学习,让学生主动地参与到学习的每个过程,力求使学生在积极的课堂气氛中提高自己的认知水平及培养正确的价值取向,从而达到预期的教学效果。

在这次赛场上,我们可以看见她日显成熟的穿衣风格。虽然她的脸上"挂"着明显的黑眼圈,但她眼里充满了从容和自信。最终,女孩获得了二等奖,这已经达到她本次的预期目标。但在准备过程中,在观看其他教师的课堂教学以及专家评委的点评后,女孩又一次认识到自己与其他教师的差距和不足,有了更多的压力感和紧迫感,学习的劲头比以前更足了。

这个女孩就是我,我相信这也是千千万万新教师的真实写照。在新教师成长这条路上,我最真实的感受便是痛并快乐着。没有华丽的辞藻,也没有惊天动地的情节,只有我两年来平常却不平凡的点点滴滴。

路漫漫其修远兮。作为一名年轻的新教师,我有的是热情,有的是精力,有的是时间。站在教育这个舞台上,我站的是一份热爱,站的是一份责任,站的是持之以恒,站的是逆风飞翔。我会一直朝着我渴望的方向,努力把自己站成讲台上一道最美的风景。

# 从别人眼中的"我"
# 到自己眼中的"我"

泸州市忠山学校　钟传燕

"不经历风雨，怎么见彩虹，没有人能随随便便成功。"这是我最喜欢的一句歌词，因为每个人的成长都需要自己去憧憬，自己去经历，自己去体验，自己去收获。2021年8月28日，在学校新教师交流活动中，我分享了班主任如何开好新生家长会的经验，得到了教师们的一致认可和好评。那一刻，我真实地感受到了担任班主任工作的尊严感、胜任感和幸福感；那一刻，我想起了担任班主任工作以来的开心与难过、挫折与失败；那一刻，我想感谢学校，感谢班主任教研组，感谢江阳区为我们营造了浓郁的教研氛围。

四年前，带着欣喜和憧憬，我到了忠山学校，开始担任四年级一班班主任。一切都是崭新的，学生是新的，家长也是新的。那时，我以为教育就是把课上好，管理就是让学生听话。结果，简单、粗放的教育方式换来的是学生的成绩不尽如人意，家长的抱怨从私下议论到班级群里，甚至在第一次家长会上有家长给了我一个"下马威"。面对学生、家长的质疑，我在迷雾中找不到方向，不知所措。

"传燕，你去参加教研培训中心组织的市级班主任培训吧！相信你能学有所获的！"杨校长温柔的话语、相信的眼神给了我莫大的安慰和鼓励。是呀，从哪里跌倒就从哪里爬起来，学习就是我改变自己的第一大武器。抱着"学则改，改则新"的决心，我参加了教研培训中心组织的市级班主任培训。

在培训中，我如饥似渴，像一个新生的婴儿在尽情吮吸母亲的乳汁。教研培训中心的教师、学校优秀的班主任教师从理论到实践，让我知道了：想要当好一名合格的班主任，需要全面掌握学生各方面的情况，如家庭情况、学习情况、学生的个性特点；需要认真做好学生的思想教育工作，使学生树立良好的思想道德品质；需要关心学生，激发学生的学习兴趣，帮助学生建立学习信心。

此时，我想起了在第一次家长会上给我"下马威"的家长，想起了那个令我颜面尽失的学生。

那是刚开学不久，班上学生小陈在课上玩电话手表，长期开小差。多次严肃批评后，他依然我行我素，最后我没收了他的手表。这导致他妈妈联系不上他。第一次家长会时，小陈的妈妈气愤地站起来指责我。面对家长的指责，我哭了。我想："好心当成驴肝肺，好吧，以后我不管他就是了。"那时的我，有了这样的错误认知。

我该如何处理好这件事呢？还是秉持之前那样的态度吗？"不要因为学生一时的过错而影响对他的态度，你的态度会影响这个学生，甚至是他的一生。"班主任培训主题沙龙上一个老师的话给了我深刻的启发。是呀，苏霍姆林斯基在《给教师的100条建议》中也说："教师创造性的最重要特征之一，是他工作的对象是儿童，经常在变化，永远是新的。"平等地对待每一位学生不正是我一直的追求吗？我暗下决心，要用自己的爱，去感染他，使他的明天和今天不一样。

培训结束后，我改变了过去对学生的不多管、不多问的做法。一有时间，我就走进教室，与学生交流；走进家庭，与家长沟通。

当师生关系、家校关系比较融洽时，我把小陈和他妈妈一起请到了办公室，表扬了小陈这段时间的进步，也诚恳地说明了当时的情况，小陈妈妈表示理解并支持老师的做法。在交流中，我发现小陈十分爱看书、画画。于是，我建议小陈妈妈继续让他参加绘画兴趣班，并打趣说："小陈，等你画画水平提高了，毕业时候记得送钟老师一副自画像哟！"望着小陈和他妈妈脸上的笑容，我知道我找到了打开他们心门的钥匙，那就是真诚的关心和爱。

为了更好地让班上的学生找到班级的归属感和价值感，我根据每个孩子的特点，让人人有事做，事事有人做。既然小陈爱看书、画画，那就让他当班级图书管理员吧。小陈对于自己的这份工作十分认真，也很投入。我也在上课时，时常关注他，让他多发言，及时给予鼓励。几周过去了，我发现他做事更认真了，看到他的点滴进步，我由衷地感到高兴，高兴的是小陈并没有因为玩手表那件事而失去对学习的信心，而我也做到了平等对待每一位孩子。

一天上午，梁校长在班主任群里发了一张几个学生在食堂丢碗的照片，我仔细一看，其中一个居然是小陈。我虽又急又气，但还是告诉自己：别急，把事情了解清楚了再说。我急忙跑到食堂。小陈一见到我，欣喜地说："老师，没事了，他们下次不会丢了。"我呆住了。原来小陈是在劝说丢碗的同学，让他们不要丢碗。那一刻，我好庆幸自己保持了一份平静。

班主任的知识是情景中的知识，班主任的智慧是实践中的智慧。在日复一日的班主任工作中，我以它作为我的座右铭，我不断在情景中提升自己的专业素养，也在实践中增长班主任的实践智慧，更积极参加教研培训中心组织的班主任教研活动。我坚持在学习中研究，在研究中实践。我告诉自己，班主任工作是管理的技术，更是管理的艺术。我要成为一名育人先育魂、树人先树德的管理者和艺术家。

2020 年学校搬迁至新校区，我送走了与我相处两年的学生们，又迎来了新的挑战。这一年，我担任了一年级一班的班主任。望着台下一双双对学校、对老师、对同学充满好奇的眼睛，我告诉自己，我一定要带领他们走向教育的美好未来。

为了开好第一次家长会，我准备了一个月的时间。从了解学生基本信息、培养岗位小助手、成立家委会到建设班级管理文化；从精心制作分享课件、认真梳理会议流程、会场布置到注意个人形象，我事事亲力亲为。在家长会上，我的治班方略得到了家长们的大力支持，家长们也成了我坚实的教育同盟。

从被家长质疑、给"下马威"到赢得家长支持，一路走来，我经历了困惑，收获了感悟，得到了成长。我知道，是学习让我找到了方向，是实践让我不断地提升。我将在班主任这条路上，与优秀者同行，在实践中反思，不断朝着优秀班主任这个目标奋进。

# 星火青春，奋斗不息

泸州市第七中学校　邓亚楠

点燃青春之火，向上向善，书写奋斗人生！
齐燃教育之火，步履不停，赓续教育初心！

——题记

　　初次登上讲台的一幕幕仿佛就在昨天，意气风发而又暗含羞涩，自信满满而又略带紧张。回首过往，我努力着，前进着，反思着，收获着，快乐着！教育是一条充满荆棘和鲜花的路，我努力将每一步都走得踏踏实实。

　　记得那天晚上，我刚踏进家门，电话铃声突然响起："亚楠！祝贺你，成功入围市级比赛！"。先静主任在电话那头兴奋地告诉我，在刚刚结束的江阳区主题班会说课比赛中，我成功晋级，有幸获得参加泸州市班主任基本功大赛的资格。作为青年教师，我在听到这个消息的时候，兴奋不已。可是，激动的情绪还没有平复，先静主任就补充道："这次比赛难度大、要求高，对于一个经验丰富的老师来说都很困难，你作为青年教师需要付出大量心血才行！"2 000字育人故事、5 000字的治班方略、5 000字的主题班会文本以及3段视频材料，对于一个新班主任来说是一件多么困难的事啊！

　　果然，压力随即而来，已承担两个班英语教学工作的我，最近又被学校临时增加了一个班的英语教学任务。我完成了当天的6节课后回到办公室，3个班的英语作业本还堆在我的书桌上。"咚！咚！咚！"敲门进来的是我们班的两位同学。这两位同学因为打扫卫生的事情发生了争执。学生问题无小事，我深知班主任责任重大，随后调查事件，分析处理并与家长沟通。乘着月色我回到家，继续完成我的参赛稿件。我写了5 000多字关于主题班会的内容，可始终觉得内容不够丰富、形式没有特色。初次担任班主任的我在写治班方略时绞尽脑汁却理不出思路。然而，隔壁卧室传来了襁褓中女儿的哭声。此时此刻，焦虑、无助包裹着我，情绪一度接近崩溃。正当我茫然无措的时候，静姐再次打来电话关心我准备的情况："亚楠，知道你特别不容易，这段时间辛苦你了！"鼓励和安慰的话一下子触碰到我内心最柔软的地方，敏感的我放声哭了出来！静姐听到我的哭泣声，连忙安慰道："亚楠，你要相信，所有的痛苦和辛苦都会变成宝贵的财富，我相信你通过这次机会一定能够收获成长，完美蜕变！你放心，所有问题我们一起扛！"听了她的话后，我十分感动和踏实，心中那团向上向善的火瞬间被点燃，暗自给自己打气：这不就是一场比赛吗？为什么要急着否定自己？身边的人都在无条件地支持着我，我为什么要选择退缩？于是，我平复心情，重整旗鼓，继续准备比赛。

青春奋斗之火需要辛勤的付出和坚持的毅力。资历尚浅的我需要投入更多的时间和精力去完成一项艰难的工作。无数次的设想，无数次的推翻，无数次的启航，每一处更改的痕迹都印证着我的成长，每一个文档都在书写我的努力。主题班会设计是比赛中最重要的一个版块。作为一名新班主任，在平日里注重直接管教而忽视班会的作用，忽视了对学生心灵的塑造。为了设计出一堂出色的班会课，我吸取这些年参加市区班主任培训的经验，并积极上网搜索优秀的班会课资源。为了呈现出一堂完美的班会课，我在三个周里一共换了三个主题，每一次的设计都费尽心思，但我就要把工作做到尽善尽美。

在准备比赛的那段时间里，不单有我个人的努力，也有周围的同事及家人的许多温暖。"众人拾柴火焰高"，教育培训中心的郑老师远在外地出差，仍坚持每天打电话关心进展情况，耐心指导，在我不知道怎样去表达的时候，她提出了将故事拍摄成微电影的想法，绘声绘色地演绎师生真情，引领我不断挖掘思考问题的广度和深度。学校老师知道我定下的班会主题后，便第一时间将搜集到的有关主题班会的材料分享给我，增强了课堂的专业性。我的家人体谅我的辛苦，主动帮我照顾女儿，揽下所有家务，却毫无怨言。他们就像一团火，温暖了我的心，让我感受到我不是一个人在战斗。

准备进行第一次上课打磨的时候，我的内心是十分忐忑的。想到老师们任务繁重，我只请了两位老师来帮我听课。可来为我打磨课的老师们填满了教室的座位。看到这群有爱的同事，我的紧张情绪瞬间烟消云散，他们对教育的热情就像一团火，让我感动不已。课后，他们无一缺席地花上大半天的时间给我提建议、想法子。"亚楠，你的语气还不够生动，你可以这样读……""这些环节的设计还不能很好地引起学生的共鸣，表达方式还可以再调整。"他们的意见也让我深刻认识到自己的不足：流于形式，忽视了学生的发展和课堂的生成；亮点不够，离一堂出彩的班会课还很远。于是，下班后回到家的我继续伏案工作，针对存在的问题一点一点地改进，再三琢磨设计的每个环节、说的每句话。虽然常常忙到半夜两三点，常常忽略对家人的关心，但看到自己的问题慢慢得到解决，我越来越有信心。

当我再次鼓足勇气站上讲台、忐忑地等待老师们的意见时，令我惊喜的是所有老师在课后都称赞了我的进步。"这是你上的最好的一次课！""课堂有新意，情感非常丰富，学生们受到很大启发！"那一瞬间，我的眼泪忍不住掉了下来，回想最初的茫然无措到现在的巨大进步。虽然过程很艰苦，虽然承受了前所未有的压力，但我最终还是经受住了考验。这就是一名青年教师的成长！后来，在所有同事的帮助和我的努力下，我在市级班主任基本功大赛中荣获一等奖，并成功晋级省级比赛。

教育之路虽然坎坷但指向康庄大道，步步脚印印证着我的成长。我就是这样在教育的路上摸爬滚打，一次次跌倒，一次次爬起来的。在常规教学中，我积极努力完善自我；在参加的各种教学技能比赛中，我虚心求教，不断提高自己！虽然自己资历尚浅，但心中那团教育之火越烧越烈！点亮学生的希望之路，启迪学生的蒙昧思想，就是我做老师的责任！这几年，我获得泸州市优秀共产党员、区优秀辅导员等称号，在泸州市微课大赛中获得一等奖，在区青年教师风采大赛中获得二等奖，在学校的主题班会赛课活动、自导式教学赛课以及主题演讲活动中均荣获特等奖。这些成绩的取得让我更加明白了教育的真谛。那些青涩、那些懵懂终将变得成熟和坚定。星火青春，奋斗不息，我会赓续教育初心，在教育的征途中继续奉献自己的青春和活力！

# 第一次到无数次

泸州市景坡路幼儿园　周婷

　　成长无捷径可走，无良法可施。只有经历过才会成长和进步。第一次是尝试，无数次是成长。

——题记

　　2019 年我作为一名新教师正式到泸州市景坡路幼儿园工作。在这里，我开启了教师职业的无数个第一次。肢体不协调的我第一次带体操，文采不好的我第一次写文章、写美篇，第一次开家长会，第一次上课……

## 环创：迷茫—光芒

　　对于第一次做环创，我可以用这几个词形容：迷茫、依赖、失败。虽然我学习了很多理论知识，也接受了培训，但当我真正要做环创的时候，我发现自己完全不会，不知从哪里入手。看起来很简单的环创方案，我用了好几天的时间才能写出来。一遍一遍被驳回，直到没有信心，我最后用的是园长给的方案。方案有了，我沾沾自喜地以为照着做就可以了，真正做了后才发现，别人的东西用到自己的实际中并不一定好用。我又不知道变通，只知道一味地照搬照抄。园长来检查时直接否定了我做的环创，说这样不好看，必须改。但是我根本不知道从何入手，只好去问我的同事，同事才给我推荐了一些有关做环创的 App，我这才知道原来还有这么多软件可以借鉴，然后我就开始了寻找、设计、绘制环创内容。可能是自己的认知审美差异，我们班的环创水平一直没有提升。我们副园长看不下去了，就来帮我们做，帮我们想办法。因为害怕失败，我就畏畏缩缩，特别依赖别人，什么事都不先自己做，副园长说可以这样做，我才做，我没有自己的想法。副园长不在时，我做环创的进度可以说为零。但副园长也不可能一直帮我做，我没办法就只能逼自己去思考、去做，我就在各类 App 上找模板，不断尝试，然后慢慢有了一些自己的想法。当时我做了一面照片墙后，园长说这样很好看，当时我特别开心。这是我第一次做环创，虽然过程不尽如人意，但好在也算完成了，大概用时 13 天。

在做了无数次环创后，我终于有了自己的思考，我不会像无头苍蝇一样四处乱窜，我知道自己要做什么。我首先会确定自己班级环创的整体风格与色调，有目的地去找一些模板。2020 年我们再一次做了班级环创，这一次我可以说自己下笔如有神，仅仅用了 3 天时间就把班级环创做完了，并且获得了园长的好评，园长还把我们班的环创作为模板发到群里供大家参考，当时我真的特别自豪，我有了自己的光。除了完成自己班级的环创，我甚至连自己都不知道，我还能带领别人一起做环创。在保教质量评估期间我带领年级组老师一起做完了一整个楼道的环创并且一直沿用至今。做完后我都忍不住夸自己，因为没想到自己还有带领别人的能力，毕竟第一次做环创时我什么也不会。我从依赖别人的光芒，到自己发光，再到用自己的光照亮别人，这些东西都不是一蹴而就的，而是我多方收集资料，反复思考，在一次又一次做环创，在一次又一次修改中让自己不断发光。但这不是我的终点，我想在以后的无数次中发出更耀眼的光芒。

## 家长会：焦虑—自信

第一次开家长会时，我只能用焦虑两个字来形容。在得知要开家长会那一周开始，我就焦虑，焦虑到晚上都睡不着觉，因为这即将是我第一次正式地去面对家长，我害怕自己做不好，害怕不能获得家长的信任。在开家长会前，我从来没有写过家长会稿子，我只能到处去找别人写的模板，然后进行修改，看多了以后自己都混乱了，但我只能一遍一遍地修改，一遍一遍地梳理，然后在园长面前试讲。PPT 的模板也是选了又选。在确认小朋友的照片时，我打印了一张名单表，确认了无数遍，就是害怕漏掉任何一个小朋友，就是想能够开好第一次家长会。但是到开家长会时我还是紧张到忘了稿子，中间也有点冷场，也有点儿语无伦次。

之后，我也反思了自己在第一次家长会上的表现，我发现家长们对我选的主题可能就不感兴趣。当时我讲的主题是入园焦虑，但实际情况是我们班孩子入园焦虑的问题并不严重，也难怪家长们会不感兴趣。我还记得当时要提问家长：孩子入园您觉得焦虑吗？家长如果说焦虑，我就正好可以引入我后面的内容，结果家长们都说不焦虑，把孩子交给老师放心，我当时都不知道怎么接下去了，就说了一句："有些家长肯定还是焦虑，那我们一起看看怎么缓解孩子入园焦虑。"

到现在我已经开了4次家长会了，我越来越自信，写稿子时我不用再到处借鉴别人的东西，而是有我自己的想法，会根据班级实际情况、孩子的表现并结合一些理论和家长们进行交流。我也开始从关注家长会能否顺利开完，到关注我的家长会能不能吸引家长的兴趣，能不能引起家长共鸣。我也开始思考家长会能带给家长什么，这是我在第一次家长会时没有考虑到的，我的观念在家长会中得以提升。在后面的家长会中，家长们的反馈也是比较好的。

什么是成长？对于刚入职的我来说，成长就是我拿出成绩，成绩会证明我的成长。但是，我好像没有做出什么，没有拿得出手的成绩，那我没有成长吗？好像不是这样的，在我无数次迈出第一步时我就成长了，从以前只会依赖别人做事到可以独当一面，从遇到事情就焦虑到平静应对，从不会到会，从无到有，这都是成长的痕迹。许多新老师一定也和两年前的我一样，将第一次当班主任，第一次开家长会，第一次独立与家长交流，第一次正式上一堂课，第一次去完成很多事情，我想大家会和当时的我一样充满忐忑、充满焦虑，但我希望老师们的第一步迈得更加坚定。

第一次是起点，但无数次并不意味着是终点。教育的路上，我们需要勇于担当，勇敢迈出第一步；我们需要不忘初心，坚定地走好每一步。

相信我们都有化蛹成蝶的那一天！

# 提升篇

# 但行前路，无问西东

泸州市梓橦路学校　罗江玲

以前总想悄悄地躲在角落里，平平淡淡地做事，平平淡淡地生活，但成长之路总让人意想不到。

## 赶路

"江玲，交给你一个紧急任务，学校派你代表语文组参加区上的说课比赛，希望你好好准备。"一天晚上九点多，戴主任打电话通知我。

2019年9月，我担任新班班主任，那时班级工作还没有理顺。比赛如一挑重担一下压在肩头，我内心忐忑而激动：眼下事情实在太多太杂，我恨不能长出三头六臂来处理，更何况准备的时间只剩下四天，我非常担心有负学校的重托。但是，参加工作十一年，一直水波不兴，平静得没有滋味，我不是一直期盼有一个机会吗？

遇到事情，我总爱去找小昭姐姐。她是我成长路上的良师益友。每当我遇到困难的时候，她总是能条理清晰地给我分析，如一颗定心丸让我迅速安定下来。听完我的叙述，她紧紧握着我的手，激动地说："玲玲，你必须要抓住这次机会！别担心，姐会尽全力帮助你！"小昭姐姐的手好温暖！

接下来的四天里，我将手上的工作进行梳理，腾出时间来准备比赛。我从来没有研究过说课。第一次说课的时候，我的问题就暴露得非常明显：一是对课标缺乏基本的把握；二是对理论知识缺乏基本的储备。我能说清楚怎样上课，却说不清楚为什么要这样设计。原来从教十一年，我只是教书而已。我能将好的设计照搬到自己的课堂中来，却从来不知道优秀的教学设计背后的思想内核。真正的语文教师应该是一个潜心的研究者，潜心研究教育理论，潜心阅读文本，潜心研究编者意图，他们在"用教材教语文"。

晚上九点，办公室还亮着灯，姐妹们还忙个不停：易贤帮我字斟句酌教学目标，李玲帮我逐一检查课件细节，小昭姐听我反反复复地说……每一点成长进步都是一个团队的奋力托举，他们倾尽全力将我磨成理想的样子。

后来，我不负众望，一路过关斩将，从江阳区晋级到泸州市决赛。回首那段艰难的日子，我见过校园十二点钟的月亮，走过深夜大雨滂沱的街道。独自回家的路上，我心里只有一个信念：但行前路，无问西东。结果已不再重要，重要的是在历练中知不足，知不足而能自省。

## 奔跑

"江玲，明天川南课博会有个教师评课环节，你去吧，锻炼锻炼。"和伙伴同去永川听课的路上，我接到市教研员兰全宽老师的电话。

2020年12月，区教研员张远成老师推荐我去参加在永川举办的川南课博会。作为一个永川人，我"奉旨"回家学习，可谓是喜从天降。抱着度假的心态，我和同行的两位老师快乐地计划着听课之余的安排，但一个电话打破了我们的"完美计划"。对于评课，我是一只"菜鸟"。在教研组内学习时，每次轮到我评课时，我都仗着自己岁数小、经验不足，要么闪烁其词，要么敷衍了事，要么直接不评。自从经历了一轮赛课后，面对挑战，我已经不再逃避。任务来了，那就"但行前路，无问西东"吧！

既然作为代表评课，我可不能丢了泸州教师的脸！到了永川，我便立刻取消寻亲访友的计划，一个人窝在宾馆里，搜集大量名家评课的文章来研究比读，整理评课的大致思路。我发现评课是一件充满智慧的事情，每个评课人的理念不一样，对同一堂课评析的角度及观点可能截然不同。但是有一点，那就是必须要认真仔细地听清楚每一堂课的每一个环节，那是评课的依据，是观点的论据。

第二天，我比平时起得早一点。课博会在永川中学的礼堂举行，我们到的时候，礼堂还空荡荡的，一排排座椅整整齐齐的。我有些激动，这里可是我读书时最理想的中学啊！我特意挑选靠前的位置坐下，希望能离上课的舞台近一点。课博会一共安排了四堂展示课，名师们分别来自永川、荣昌、江津、泸州。课堂教学内容十分丰富，有名著阅读教学、散文阅读教学、议论文阅读教学和作文教学，是一场教学盛宴。每位老师都在课堂上恣意挥洒，挥斥方遒，每一个教学环节精致巧妙，深厚功力可见一斑。我一边记录课堂流程，一边批注感受。一个可怕的念头冒了出来：我哪有资格去品评名师课堂？我后背开始冒汗，如坐针毡。

四堂展示课结束了，老师们如潮水一般退去。我独坐在礼堂里，望着"名师"二字发神。名师，名师，每个都是声名远播的老师，我什么时候才能沾点边呢？风从两边的门对穿而过，还有一个小时就要开始评课了，我打了一个冷战，裹紧衣服，出了礼堂。我无暇顾及午餐，寻了一间安静的读报室，打开听课记录，开始整理思路。听课本上，密密集集地全是听课时的零散记录，我难道就真的去点评吗？我的观点妥当吗？假如言语有失，该怎么办呢？我始终下不了笔。墙上有一幅字，题曰："三人行，必有我师焉。"是啊，四位名师，难道不够我"择善而从"吗？心门洞开，豁然开朗。我以"名师炫技，见贤思齐"为题，从青年教师的角度，品评精彩片段，提炼名师优点，提出观课困惑。评课结束，台下响起热烈的掌声。正如我在结尾中谈到的："名师课堂的精彩呈现是在无数公开课中摸爬滚打而成，从今天起，我将以你们为榜样，虔诚恭谦、心无旁骛，坚定不移、用心学习，不断完善自己，充实自己，提升自己，向你们靠拢！"这是我作为一名年轻教师的自白——但行前路，无问西东。

## 同行

"江玲，学校新来的那个研究生由你负责指导。"主任在电话里的语气没有商量的余地。

2021年9月，我们学校语文组新来了一位新人，是古典文学专业的研究生。我们语文组高手云集，可以担任指导老师的人选众多，我仅仅是一名本科生，哪有资格去指导研究生呢？

我的眼前浮现出自己刚参加工作时的情景，参加赛课时的情景。语文组的兄弟姐妹们、我的指导老师王昭鸿老师、教研员张远成老师，在我每一次需要的时候都不遗余力地帮助我、温暖我，让我在成长进步的过程中，从来不觉得孤单无助。我何时将这份温暖传递出去呢？也许就是此时。

自此，妹妹每周都带着板凳进入我的课堂，我的内心平静而淡然。她坐在那里，促使我更加认真地对待每一堂课。帮助她是我的职责，如果我能带给她启发，那是我莫大的荣幸；如果不能，我也希望通过反思课堂中的遗憾让她少走弯路。我愿意做她成长路上的同行者，和她一起领略教育的风景；

我愿意做她的陪伴者，在她需要我的时候倾尽所能；我愿意做她进步的阶梯，踏在我的身上助她成长。面对新挑战，我愿用一颗真诚的心去对待。但行前路，无问西东。

　　但行前路，无问西东。不畏惧，不退缩，勇敢面对成长路上的挑战，不计较得失，以一颗勇敢而淡然的心面对工作与生活的砥砺，栉风沐雨，昂首前行！

# 践行教育初心，
# "悦行"在学习的大道上

泸州市第十五中学校　刘刚群

教师是对专业要求很高的技术工作者。"吾生也有涯，而知也无涯。"近些年，我参加了不同层次的教师培训学习，从中收获了榜样引领的智慧，温暖了我的师爱之心，坚定了我践行教育的初心；让我越来越热爱教育，越来越走近学生，与学生共同成长，这是我的教育成长故事。

## 一、在学习中感悟榜样的成长智慧

### 1. 百米冲刺的她

记得在重庆集中培训期间，有一位授课教师是来自重庆江津教育科学院的院长。这位"70后"的院长，谈到了自己刚参加工作时的情况：她在A学校工作，但要去B学校听一位名师的课；因此，她常常在A学校上完课后，利用课间十分钟的时间，以百米冲刺的速度跑向B学校。当时的她目标明确，积极向上，干劲十足，热情洋溢。

### 2. 博学多才的他

我在一次思政教师"国培"集中学习中认识了一位老师——吴又存。他是湖北省武汉市解放中学的思想品德课老师，曾在《中学政治教学参考》《思想政治课教学》等国家重点教育报刊上发表200余篇文章。他的35万字的个人专著《达成生命成长之美——我的教学新视界》已经公开出版。2019年3月18日，作为思政课初中教师代表，吴又存参加了全国学校思想政治理论课教师座谈会，受到习近平总书记接见。作为教育人，我不得不佩服吴老师，干一行，爱一行，精一行。我感叹三百六十行，行行出状元。

3. 一专多能的她们

"夫学须静也，才须学也；非学无以广才，非志无以成学。"在一次"国培"集中学习的第一天，当班主任老师布置任务以后，我还在纠结要不要去参加，结果已经有两位女同学高高地举起了手，争取到这个机会。她们非常积极主动地给老师提建议，出谋划策，热情大方地安排工作。后来在学习了心理学方面的相关主题课之余，A 同学说起她考过了三级心理咨询师，B 同学说她考过了二级心理咨询师。我明白作为教师，教好自己的学科仅仅是自己分内的工作，而并非全部，也明白了她们之前主动、自觉、自信满满的缘由。

这些榜样是我学习生涯中最美的遇见！他们给了我专业成长的智慧，他们的故事是助我深刻理解"四有"好老师的美好样本。

## 二、在学习中坚定了我践行教育的初心

继续教育学习平台，是一个为教师专业赋能搭建的平台。在这个平台上，我们不断汲取智慧，提升我们的专业素养和能力。学习既温暖了我的师爱之心，又坚定了我践行教育的初心。

为每一个孩子开辟一片天地，搭建一个舞台，发现并放大其正能量。我将列举一个"魔童"小李的案例。2018 年新生报名第一天，家长就悄悄地给我说："刘老师，这个娃儿，我也不希望他能够学到什么，希望他能够初中毕业就可以了！"面前这个孩子究竟是一个怎样的孩子？面对已经放弃他的家长，我应该怎么办？作为班主任老师，我当然不能放弃他！践行教育初心，不怕困难，干劲十足，热情洋溢地工作；干一行，爱一行，精一行是我追求的应有之义。管理好班上学生于我这个班主任而言，就是学校给我布置的作业和任务，无论多么困难，我定会尽力为每一个学生创造良好的学习环境，并陪伴他们不断成长！

小李同学入学第一周就表现出"魔童"的个性。这个男孩子，是家里的小儿子，他妈妈开有一个麻将馆。在麻将声中长大的他，爸爸爱、妈妈宠、姐姐护，原来他在小学的时候就是一个"不学无术"的小"魔童"。这样的孩子，得经常"看着"，还得让我这个班主任"看着"。新生军训结束后，我告诉小李：经过认真观察，老师认为你可以胜任我的科代表。小李做

我的科代表后，便得到了我的重视，因此在我面前他表现得比较好。可是很快就有同学来告状，说小李惹是生非，"魔性"虽有收敛但也时常发作。怎么办呢？批评？惩罚？这些招数小李早就习以为常了，没什么效果。我反其道而行之，表扬他、肯定他。只要发现微小进步我都表扬他，放大"魔童"的正能量。比如，他经常被老师留下来，但都坚持到最后。我就在全班大张旗鼓地表扬他："放学了，李××同学都能自觉留下来学习，这本身就是一种进步。"小李同学"魔性"发作间隔时间越来越长，正朝着"阳光少年"变化着。他的积极变化，更加坚定了我继续发现并放大其正能量的做法。

"魔童"变身"阳光少年"可不是那么顺利的，尤其是如果其背后有一位"魔童"母亲。八年级上学期一个星期五下午课间，小李和一位女同学打架了，大有"魔童"天不怕地不怕之势。等我赶到教室的时候，他已经背着书包回家了，我随即联系小李的家长。看到伤痕累累的小李，"魔童"的母亲非常生气，并说到家里面两桌打麻将的人都说小李被打得好惨！我意识到：这是教育、帮助小李的一个契机，也是转变"魔童"母亲的一个契机。我告诉她，双方的家长可以一起来解决这个问题。小李的妈妈说："我做生意忙得很，不到学校来了。"还用命令的语气对我说："你告诉对方家长，把自己的娃儿教好就可以了。"但我坚持让双方家长到学校来一起解决问题，帮助孩子成长。当着两位家长的面，我首先表明观点：今天我们不判断孩子的对错，而是要把目光放长远些，要帮助孩子健康成长；然后请这两个孩子，分别叙述发生冲突的详细过程。听完自己儿子的叙述，小李妈妈的脸由怒转变为红，原来这个事情的主要责任人是自己的孩子。叙述的过程让孩子们的负面情绪不断释放，对错也很了然。这时我表扬两个孩子："叙述事实诚实，道歉真诚！"同时，我也肯定家长：双方家长很坦诚，积极配合学校工作。在处理这次打架事件时，我全程没有批评一个孩子，而是沉着冷静地听他们叙述，因势利导，指明今后应该怎么做；在引导帮助学生的同时，有意识地把带有情绪的家长也争取过来，协同教育引导孩子。

对于小李这个"特别的学生"，我充分尊重他、信任他，委以"重任"，不断肯定他、欣赏他，引导他跟上集体步伐。渐渐地，他已经是老师、家长、同学喜欢的"阳光少年"。实践证明，对个性凸显的学生，放大其正能量是一个转变他们的重要法宝，这是我当班主任的重要收获之一。听到已经毕业的学生说："我每年都要回去看班主任刘老师，因为她不放弃班上任何一个同学。"看到小李在今年中考取得了较理想的成绩，让我欣慰的同时，更加坚定了我践行教育的初心。

在不断学习中，我收获了榜样引领的智慧，坚定了我践行教育的初心，让我"悦行"在教育教学的大道上。这是我在班主任工作中收获的幸福，在成就学生的同时也成就了自己的职业幸福。

# 盛夏未央，成长路长

*泸州市梓橦路学校　宋晓霞*

　　时光如水，年华飞逝，转眼间我已成为一位有 15 年教龄的"老教师"了。回首这逶迤来时路，我惊讶地发现，每一段刻骨铭心的故事都发生在夏天。在炽热的盛夏里，我悄然成长。

## 新青之夏

　　2006 年夏天，年轻的我怀揣着对英语的满腔热爱，对教育的一心赤忱，离开了熟悉的大学校园，离开了我美丽的家乡，来到了广东省汕头市金山中学这所粤东名校，开始了我的高中英语教师生涯。

　　八月的广东时而炎热，时而狂风肆虐，而高三学子早已开始在校园里穿行，备战高考。我看到了早起伴着厕所灯光复习的学生，也看到了在晚饭休息的两个小时里，图书馆满座埋头学习的学生。班上学生的英语口语流利，在课堂上用英文辩论不在话下。一些学生在高二时已自学完高中英语课程，开始在课堂上阅读英文原著，让我帮忙写推荐信准备申请国外的大学。

　　学高为师，身正为范。要在这样一所优秀的学校立足，要做如此优秀的学生们的老师，我必须迅速地提升自己。夜已深，灯下的我仍坚持做高考题，坚持做完听读训练。海潮夜夜奔来，润湿着我年轻的心。

## 荷露之夏

　　2008 年夏天，因为家庭的原因，我回到了我的家乡，加入了梓橦路学校这个大家庭，加入了梓橦路英语组这个出色又温暖的团队。2012 年，在江阳区课堂改革赛课中，在当时教研组组长及老师们的帮助下，我一路过关斩将，获得区、市一等奖。我还记得参加市上比赛的那一个周，为了同时兼顾教学和准备比赛资料，我每一天从早到晚高速运转，最忙的几天连喝水的时间都没有。也因为这样的全情投入，经过我们团队的共同努力，我获得了一等奖并参加全省的优质课展评。

在江阳教育这个大平台上，我也获得了更多的学习和提高的机会。2013年，在市、区教研员的鼓励和支持下，我与来自江苏的特级教师张蕾老师同台展示，与名师同课异构。我深入思考，与教研员反复研讨，呈现了一节精彩且能够展示泸州教育品质的英语课。听完专家点评，我更加理性地审视自己，受益匪浅。

2018年，为了开拓教师们的视野，提升教师教育教学理念，区教育局开启了领航教师培训项目，何其有幸，我成为其中的一员，有机会走出去，向重庆等地的优秀英语教师学习，聆听来自全国各地优秀教育专家的讲座，也与成都的优秀老师同台技艺。

每每回忆起这些奋斗的时光，都觉得自己无比幸运。庆幸能与这么多优秀的江阳英语同行为伍，在他们的影响下不断努力、持续进步，我才能逐渐成长为江阳区的英语骨干教师。

## 提升之夏

2017年夏天，学校让我担任中学部英语组组长一职，虽自觉资历尚浅，但也希望能尽绵薄之力，把英语组优良的品质和互助精神传承下去。

于是，我积极主动参与每一位教师公开课、赛课的研磨，像当年我导师们那样指导、督促他们进步。虽然是其他老师参加比赛，但是我好像更为紧张，甚至为他们做好时间规划，"逼迫"他们一次又一次说课、试讲，让他们最终呈现自己最好的状态，并在不断的打磨过程中迅速成长。

2021年夏天，我们备课组又接到了新的任务，要求以七年级上册一个单元为话题，以"五育融合视域下的基于英语学科核心素养的大单元整体教学"为主线，进行单元集体备课活动展示。这是前所未有的教研活动形式，是极大的挑战，也是我校英语组突破自我、展示自我的机会。

时间紧，任务重，我号召全组老师展开讨论。最后决定以"Do you like bananas?"为话题，将备课展示分为"大单元整合教学观""语言能力""思维品质""文化意识""学习能力""五育融合"及"自导式课堂"几个版块，迅速进行了课时分工和版块分工。

内容细化之后，我们才知道我们拥有的更多的是教学实战经验，理论知识却显不足。教师们发挥螺丝钉精神，挤时间听专家讲座、查阅专业书籍，对相关的理论知识进行学习、思考、梳理。到第二次集体讨论时，教师们也已经有了比较完整的课时设计和初步的理论与实践融合的框架。大家都认为不能降低梓橦路英语组的品质，必须做到最好！

最初，大家都觉得"要求太高、标准太高、太折腾"，最后都在一次次的研磨中迅速成长起来。展示活动获得了极高的评价，我们也对"五育融合""核心素养"有了更深刻的理解。我想，我和我们英语组的每一位教师一样，不仅要将"梓橦品质"镌刻在的骨子里，而且要尽力为我区教育事业发展播撒一缕微光。

### 奉献之夏

夏天，热情似火。教育生命的夏天，沸腾着我对英语教育的满腔挚爱，作为骨干教师的我应该把高品质英语教育精神传递给更多的伙伴。

2013—2015 年夏天，我连续三年参加泸州市教育局组织的"古蔺叙永送教"活动。虽然奔波苦、条件有限，但我也因为能为山区的教师们带去一些新的教学理念和教学方法而乐此不疲。我也曾长途跋涉至雅安宝兴地震灾区去参加泸州市教育局组织的送教活动。

2018 年初夏，我花了 15 个小时来到凉山州，代表江阳英语教师为盐源县的师生们上了一节课。离开时，一位盐源教师给我发来了这样一段留言："非常感谢您昨天带给我们的教学体验和讲座分享！相信很长一段时间里都会影响我们，启发我们去反思英语学科教学和教研各个环节中的不足之处……这一次，您让教师们直观地看到了课堂教学活动的设计和有效组织，对于教学目标的达成有着非常大的促进作用。"每当读到这样的文字，我就觉得一切辛苦付出都是值得的。

2020 年夏天，我有幸成为泸州市初中英语名师工作室的一员，也受聘成为江阳区"国培计划"新青教师培训项目的初中英语指导教师，看到一个个刚走出象牙塔且青涩、热情的教师，我仿佛看到了当年的自己。使命与责任在肩！对于每次活动，我都认真准备，耐心倾听，给予中肯建议，尽最大努力让他们学到更多的教学方法，也希望他们能把良好的专业态度传承下去。

在各项区级比赛、学习、交流平台中，我多次担当赛课评委、主讲嘉宾，也多次参加区初中英语名师工作室活动。我感受着年轻教师们的朝气蓬勃，也无私地分享自己的教学经验，期待着他们的进步，也期待他们能尽快融入江阳英语团队，成为优秀的江阳英语人，为江阳英语教育的高品质发展而不懈努力！

教龄 15 年，芳华 30 余，正值人生盛夏，风华正茂。成熟而不世故，丰富而不固守，热情而不张狂，我不会忘记 15 年前的教育初心，我会永远奔跑在追梦的路上。感恩江阳教育对骨干教师们的培养，我们也将努力共筑江阳教育的辉煌！

盛夏未央，成长路长！

# 那年芳华，回望初心，为爱而行

泸州市第十五中学校　赵芸苓

## 回望初心，奋力向前

我是一名平凡的人民教师，在不知不觉中已经工作了十八个春秋。回顾这十八年的教育之路，我经历了很多事，也有不少的收获和体会；回顾这十八年的生活，简单概括起来就是：忙碌而充实、平凡而简单。犹记得十八年前，作为一名新上任的人民教师，在第一个教师节上庄严宣誓：我志愿成为一名人民教师，忠诚党的教育事业，遵守教育法律法规，履行教书育人职责，引领学生健康成长，做到有理想信念、有道德情操、有扎实学识、有仁爱之心，为教育发展、国家繁荣和民族振兴努力奋斗！那一刻我心潮澎湃，小时候的梦想在这一刻得以实现。

## 青蓝相携，引领成长

江阳教育一直关注新教师的成长，重视教育经验的传承，搭建内容充实、形式多样的成长培训平台，让教育事业在新老相携中薪火相传。学校给我安排了非常优秀的名师——张祖超担任我的指导教师。在学科知识方面，师傅鼓励我多钻研教材和教师用书，熟悉课标要求。遇到自己不懂的问题时，我经常拿着书去请教师傅，而不管师傅多忙，总是会抽出时间耐心细致地指导我。慢慢地，我开始学会围绕教学目标设计各个教学环节。同时，师傅还要求我多听课，一有空我就成了师傅课堂上的常客，听完课以后师傅还会和我一起交流课堂上的得与失，带领我进一步改进课堂教学设计。师傅也经常抽空指导我的课堂，帮助我快速成长。师傅还鼓励我多上教研课，可以让更多的教师给予我帮助和指导，我总是积极地争取每一次上课的机会，认真准备，听取教研组同事的意见，努力改进。

### 宝剑锋从磨砺出，梅花香自苦寒来

到泸州市第十五中学校的第二年，恰逢要在我们学校举行一次全区数学教研活动，我努力争取到这次机会。时隔多年，我依然记得那节课的名字叫作"全等三角形的判定条件的探索"。教师们给我提出了很多建议，但我没有办法呈现其中的动态演示。我翻出读书时学习的几何画板教材，认真学习研究。当年使用几何画板的教师还很少，我在课堂上利用几何画板动态地演示了探究过程，给在场的教师留下了深刻的印象。当时我内心充满激动和感激：能得到大家的认可，是对我莫大的鼓励，这给了我更多的信心和加倍努力的动力。这次展示课让我对自己有了全新的认识，有了更高的目标和更强的动力。

几个月后机会再次来临，全区将要举行优质课竞赛，我顺利进入江阳区的决赛并获得一等奖，之后代表江阳区参加全市的优质课竞赛。但是在参加全市的优质课竞赛时，我过于紧张，没有把握好课堂时间，因此没有取得满意的成绩。那段时间里，我情绪很低落，我的师傅和同事们给我安慰和鼓励，让我感受到集体的温暖，激发了我的斗志，让我鼓起勇气参加各种各样的竞赛。为了能让自己突出重围，我努力学习各种课件的制作，各类教学软件的使用。

机会永远属于有准备的人，在后来的比赛中，我在同事们的鼓励和精心打磨下取得省微课大赛一等奖、市信息技术教学赛课一等奖、区优质课竞赛一等奖、区说课大赛一等奖、区命题大赛一等奖、区解题技能大赛一等奖等。在我刚生了第二个小孩几个月的时候，机会再次来临，泸州市信息技术应用能力大赛再次举行，五年前我就曾代表江阳区获得过一等奖，经过学校初选，区上选拔，我再次成为出征的战士。我当时很犹豫，因为我的两个孩子都还小，大的孩子刚上小学且需要我辅导功课，小的孩子还嗷嗷待哺且需要我更多的照顾。经过反复思想斗争，我参加了这次比赛。曾经给我莫大鼓励的王晓兰老师成为我们的教研员，能和我的偶像一起并肩奋斗是我莫大的荣幸！我最终决定再次挑战自己。之后，我才发现备赛的难度比我想象中大很多，每天两个班的数学教学工作让我忙得没有空闲时间；家里两个小孩此起彼伏的呼喊和哭闹让我焦头烂额。每天，只有夜深人静时才是属于我的时间。为了设计一个吸引眼球的课堂引入，晓兰老师和我常常交流到深夜，最后我们利用斜拉桥巧妙引入，并且自己录制了一段泸州的桥作为引入视频，把整个教学环节都与桥联系起来，为学生们搭建思维之桥、方法之桥、成功之桥。这样，我们就把整个课堂教学环节与桥巧妙地衔接起来。正式上课那天，晓兰老师没有到现场，她告诉我：怕我压力太大，让我好好比赛。最终，我取得了这次比赛的特等奖，评委在点评时依然记得五年前参加比赛的我，说我是这项比赛的老将了，也是此届比赛年龄最大的参赛者，但是出色地演绎了泸州的桥！台下教师报以热烈的掌声，这是对我的认可，更是对我的鼓励，鼓励我再接再厉，继续奋斗！我内心的激动和感激之情无以言表，我最想感谢默默支持和帮助我的团队，感谢你们的无私付出！

## 路漫漫其修远兮，吾将上下而求索

2020 年，我再次踏上新的征程，有幸成为"国培计划"江阳区初中数学新教师工作坊的指导教师。我将认真履行指导教师的职责，影响和带动更多的新教师，与青年教师共同成长，助力学生的美好未来！

# 步履坚定，逐光而行

泸州市梓橦路小学渔子溪学校　　刘思利

教育路漫漫，磕磕绊绊十一年。回望来时路，纵然几多辗转，步履却依然坚定。身为教师，沉浸在三尺讲台，快乐在其中，幸福自然也在其中。我愿意用一生的时间追逐教育理想之光，让教育美好一直发生。

## 山区支教，为教育播下美好的种子

2008年10月，刚刚迈出大学校园的我通过了四川省"三支一扶"选拔考试到古蔺县乡镇中学支教。我在最青春的年纪登上了三尺讲台，开启了我挚爱一生的教书生涯。

在初为人师的日子里，我把所有的热情都倾注到学生身上，陪着他们一起学习、一起成长。工作之余，我特别关注班里那些品学兼优却家庭贫困的学生，利用家访的机会为孩子送去牛奶和书籍。当跋山涉水两小时到达学生家里时，家长远远地就端出一碗热腾腾的白糖开水，我的内心是甜的。孩子是承载一个家庭的希望，我很佩服这些父母，虽家徒四壁但践行着严厉而张弛有度的家教，激励着孩子们奋发图强。

两年服务期限将近，我的支教生活十分充实。于是我开始备战泸州市的教师公开招聘考试。值得开心的是：在2010年8月，我如愿考上了泸州市江阳区的乡镇音乐教师。当我向组织辞职时，领导劝我坚持到最后，服务期满后就可以调配到乡镇府党政办工作。当两种职业前景浮现在脑海里时，我却没有经过过多的挣扎，就放弃了去政府工作的机会，回到泸州继续任教，从此初心不改一直坚守到现在。这就是对教育的虔诚，这就是我对职业最初的热爱状态。

### 音乐教师华丽转身为幼儿园教师

怀揣着美好愿景，2010年10月我以小学音乐教师身份被分配到江阳区石寨学校任教。让我没想到的是，学校还要对新任教师进行二次职位分工，我从小学音乐老师完美替换到学校中心幼儿园当老师。当时的幼儿园校园环境破旧，老师都是学校领导家属，教学模式与小学类似，上课读书写字、下课疯玩打闹。失望、痛苦填满了我的内心，我甚至非常自卑，就这样稀里糊涂地混过了一年。从第二年开始，就陆续有专业的幼儿园老师调入我校，我在年轻的她们身上学到了很多专业技能，比如手工制作、户外游戏活动创设等。是她们的专业和热情点燃了我，于是我开始跟着大家一起研读《3-6岁儿童学习与发展指南》[①]，读着读着就豁然开朗了。然后，我就把书籍中的一些做法照抄照搬过来使用，收到了不错的效果。接着，我又在网络上浏览学习学前教育领域内的一些新理念、新做法，还通过学习培训的机会，借鉴江阳区各个校园的先进做法。后面，我又读了很多学前教育管理书籍，逐渐对保教工作得心应手。

2013年，学校领导层"大换血"，中心幼儿园负责人这份职责悄然地落在了我的肩上。从此，我开始全身心投入幼儿园各项工作中。我从总体布局，然后分工落实，让姐妹们携起手来一起拼搏。用了两年的时间，我们就将石寨中心幼儿园的保教水平提升了一个档次。在区内各种教研活动中，我们的老师也开始崭露头角，这就是不断学习、努力成长之后的收获。不知从何时起，我的内心坦荡起来，做一名幼儿园教师也不错，因为我能够蹲下来倾听孩子们那稚嫩的童心，能够有耐心和他们在一起交流沟通，我内心开始充盈。作为一名教师，哪怕不擅长某一门学科，只要有敢拼、敢做的勇气和信心，就一定能成长起来。

### 内心笃定，我到小学教语文

2015年江阳区"三校一园"政策落地实施。经过一番深思熟虑之后，我还是选择回到小学部工作。我在幼儿园做出了一些成绩，所以回到小学部后就被分到了学校后勤财务部门。我选择了我一直热爱却又不太擅长的语文学科的教学工作。有了幼儿园管理工作的经验教训之后，我相信只要有乐学

---

① 为了与教育部颁布的文件保持一致，此处的"3-6"未做修改。

善思、勤学苦练的精神，就一定能够把语文教好。更何况当时学校还有好几位老师的语文教学功底非常深厚，我可以多多向他们"取经"。就这样，音乐专业毕业的教过幼儿园学生的语文教师上线了。

一学期下来，班级学生成绩不算差。这得益于我遇到了恩师——熊生贵，是他的练能教育思想深深吸引并鞭策我不断努力前行。一边学习，一边实践，一边反思总结。慢慢地，我所带班级在学校公开课上崭露锋芒，教师们也开始为我点赞。光鲜的背后是无数辛勤的汗水，我花费九牛二虎之力才能达成的教学效果，恰似那些优秀教师的教学常态。自我审视和反思后，我发现我的语文课堂缺少人文底蕴和生动灵气。幡然醒悟之后，我立即想办法改变这样的现状，不然真会误人子弟。

## 大量阅读，积累沉淀

语文教师姓语，也姓文，没有一点"墨水"实在是不敢登上三尺讲台。成为一名饱读诗书、温文尔雅的语文教师，成了我的职业新目标和新动力，从此我便开启了真正的阅读之旅。我最开始阅读的是《给教师的100条建议》，第一遍读的只是文字，后面每隔一段时间再读，读出的就是方法和经验。2020年暑假第三次读到它时，我真能体会到苏霍姆林斯基对教育的那份虔诚，对孩子们那份厚重的深情。读着读着，我就深深地爱上了这些温润的文字，一本一本地品读着专业书籍，内心越来越明亮，教学策略也越来越灵活，语文课堂也开始变得生动灵气。

从最开始的读文字，到现在的阅读文字背后的教学方法、教育规律以及师者情怀，然后汲取思想活学活用；从最开始的"为爱坚持阅读21天法则"到现在的每天阅读一小时行动计划，我真正达到了"一日不读书便觉面目可憎"的境界。三年来，我不断用文字温润自己的内心，不断在阅读中规划着理想的教育教学蓝图。

## 识人阅人，一路成长

2020年9月开学季，我迎来了职业生涯中的新一轮启程。在过去几年不断积累和努力下，我如愿考调到泸州市梓潼路小学渔子溪学校，成为一名一线语文教师。虽然我脱离了行政岗位，也与高级教师挥手告别，但是在奔向理想的教育路上又向前迈进了一大步。

来到梓潼路小学渔子溪学校这个大家庭，学校领导用人格魅力和专业理念管理着这一支团队，可谓是高标准、严要求，但是有人情味；同事间互相搭台、精诚团结、抱团取暖，每天事务繁多却不改对教育的热情；家校之间真诚沟通、亲密合作，同心共筑信任之基，同心共育新时代好少年。在这里我虽然很忙碌，但是内心更充盈，更有机会在识人、阅人中快速成长。

日复一日的经验积累和阅读沉淀，让我对三尺讲台越来越迷恋，对语文课堂越来越从容，对孩子们是越来越喜欢。不知从何时开始，我已经习惯用文字来记录自己的阅读经历和感受，用文字来描述师生之间、生生之间以及家校之间的幸福成长故事。有人说教师最主要的任务就是让自己成为一种陪伴，帮助孩子们度过一段美好而又有意义的光阴是我们的职责所在，也是我们彰显职业幸福感的一种最美体现。

未来教育路上，定将步履坚定，追逐教育理想之光芒。

# 潜心教育，无问西东

泸州市忠山学校　张敏

　　如果说生命是一场遇见，总有一种遇见恰似那夜里的一盏烛火，照暖了心田；总有一种情怀，宛若那最初的一眼相见，叩开了心扉。

——题记

## 一次触动

　　如果说记忆有味道的话，那"国培"学习一定透着浅浅的甜。虽已时隔多年，但如今想起，心口依旧会泛着丝丝的甘甜。那是 2018 年的 4 月 24 日，天空正飘着蒙蒙细雨，空气中也透着丝丝润泽的寒意，"国培计划（2017）江阳区小学科学班送教下乡活动"在丹林小学拉开了帷幕。这次培训学习，让我意识到"社会承认的，不是你付出的辛苦，而是你创造的价值"，于是我开始思考：我能为社会创造怎样的价值？要怎样才能做到优秀？

　　我想，作为教师，课堂就是我们的立足之本，所以我们首先应该提升自己的教学能力。依稀记得在"国培"活动中，我在全区教师前辈们面前上的第一堂公开课：性格比较安静的我与丹林小学的孩子们第一次见面，没有利用有效的课前互动活跃好课堂氛围，课中的活动对孩子们来说吸引力不足。这些都导致在探究活动中孩子们不敢大胆去探究，举手发言的孩子也寥寥无几。孩子们与我的互动明显不足，而我只是按部就班地上完了整堂课。感谢那天听课的所有教师对我的包容和指导，课后我认真聆听了他们的建议。在第二次上课时，我利用课前几分钟的时间与孩子们闲聊并做了小游戏，拉近了师生距离；我还对教具做了改进，一块小小的橡皮用了四层大大的精美包装，这样，孩子们在拆礼物时，便更深刻地理解了"过度包装"；同时，我增加了糖果奖励机制，孩子们都争相要上台展示，这种做法有效调动了孩子们的学习热情。在探究活动中，我不再局限于简单的小组讨论，而是让孩子们动手制作，现场展示。其中，有两位女生想到了可以将废弃的红绳做成漂亮的蝴蝶结当头饰，可是在展示环节，十二三岁的她们羞于在全班同学面前用自制的蝴蝶结扎头发。于是，我做了她俩的模特儿，赢得了全班同学的喝彩，有效激发了孩子们的学习兴趣。我戴着那个特别的蝴蝶结上完了整堂课，我注意到，孩子们一直学得开心而认真。相较于第一次课而言，第二次课要流畅、愉悦很多。

这次学习给了我很大的触动，我认识到：一个好的课堂活动，不仅是有趣的，而且是有效的。在后来的教学中，我就更加关注学生是否学懂了，时常总结反思再改进实践。所有的付出都不被辜负，在 2018 年的实验教学说课大赛中，我有幸站到了四川省的舞台上进行展示。

## 一份选择

2014 年，我应聘到龙马潭区江北小学从事科学教学工作。两年后，我考入了泸州市忠山学校，也一直从事科学教学工作。也许，在许多人眼里，科学就是一门可有可无的学科，毕竟在升学考试中，科学也不是必考科目。甚至我身边也有朋友劝我改行教主科。可我悄悄告诉自己，一定要将这个冷冷的岗位捂热。我既然选择了科学，就要把它做好，我要用自己的实际行动让学生和家长们认识到科学的重要性。因为，我认为科学是无可替代的，它关乎着一个国家的未来。

所以，我一直认真对待每一堂课。在教学中，我尝试过以"自助、互助、乐助"为引导的"三助生长课堂"教学模式，也学习过"让学生走到舞台中央，自主生长"的"自导式"教学模式，只为了摸索出一条让学生学习更加轻松、有效的路径。近年来，在江阳区教研培训中心为科学老师们搭建的交流平台上，我展示了"摆的研究""运动的小车""点亮小灯泡"等课堂，一次次的实践让我成熟了不少。2020 年，江阳区成立了"五育融合"科学工作室，我有幸成为其中的一员。在武艳霞老师的带领下，我们工作室已经正常启动，工作室里的每一位成员都是我学习的榜样，我会加倍努力，从中汲取养分。

为了让学生体会到"科学学习远不止课堂学习，也在生活中"的理念，我主动申请开展了 2020 年的校园科技节，在实际操作环节设置了"让鸡蛋站起来""听话的乒乓球""大象牙膏""声动风车"等好几个趣味实验，孩子们果然表现出了极大的兴趣。当科技活动落下帷幕，我和我的小助手们正抱着器材准备离开时，二年级一个班的小朋友们又跑回来央求我再让他们体验一次"大象牙膏"。于是，我们又把器材搬了出来，进行了后续探究。"老师，大象牙膏里的大象在哪里呢？""老师，大象也要刷牙吗？""老师，有没有大象牙刷呢？""老师，大象牙膏怎么产生得这么快啊？""老师，明年还会有科技节吗？"孩子们提了许多天真而有趣的问题，那天我们开心地交流了很久。我看到了孩子们眼中闪烁的光和心中的渴望，我为能在他们心中播下一棵热爱科学的种子而感到幸福。

"世间真正温煦的美色，都熨帖着大地，潜伏在深谷。"这是余秋雨先生笔下的文字。科学教育，不也正是如此吗？那么多美好，都潜藏在教育的深处，熨帖着心灵。因为热爱，所以值得，无悔青春，无悔我的选择。

## 一颗初心

研讨、送教、技能竞赛的经历让我受益匪浅，它们为我创造了更多的学习机会，也使我看到了更为广阔的天空。让我记忆犹新的是聆听了何伦忠校长的讲座，他提出：中国教育已经进入新素质教育时代、核心素养时代、深度学习时代，因此我们需要建立高品质课堂；高品质课堂，是有高品位、有强品格、有好品相、有优品牌的，指向学科核心素养发展的深度学习课堂。这让我对"高品质课堂"有了新的思考，后来结合自身教学感悟，我写下了《多元评价，快乐学习的源泉》《一点思考，一次实践》《浅议"五育融合"背景下如何提升小学科学课堂品质》等文章，并做了"'五育融合'视域下小学科学阅读教学实践初探"的微型课题探索。教育的路很漫长，需要我们一步一个脚印踏踏实实地往前走。我始终记得自己的本心：无问西东，把教育当作一辈子的事认真做。

回过头来看看走过的路，我的成长得益于那些困难与挫折，得益于那些永不言弃的坚守，得益于教师研修的诸多平台，也得益于专业成长道路上那些珍贵的机遇。于我而言，教育是一件幸福且值得的事情，就像你读过的书、走过的路、看过的风景，都镌刻在你的灵魂里一样。你的每一分认真，每一分努力，都会慢慢累积，在未来的某一天会加倍奖励你。所以，只管认真去做，只管努力去做就好，剩下的交给时间。无论何时，梦想总在。

# 我的成长故事

泸州市梓橦路学校　严传莉

人的记忆总是带有选择的。随着时间的流逝，很多事情都已变淡，却总有那么几颗星星永远闪亮。转眼之间，我已经从教 16 年了。时光的沉淀，岁月的打磨，让我越发清楚地认识到教育的真谛——"要给学生一杯水，自己要有一潭水，更要成为长流水"。我现在的感觉是：做老师，真好！

## 初登讲台，坚定信念

2005 年 8 月，我是最后一届通过学校面试直接录取并分配到江阳区通滩中心小学的。说实话，如果不是这次面试，我还真不知道有通滩镇这个地方。第一年，我们新老师都被安排在乡村小学。乡村小学不大，只有一个院子那么大，里面有一栋三层教学楼是新修的，教学工具就是一块黑板加一支粉笔。

初登讲台的我忐忑不安。讲什么，怎样讲？与其担忧，不如行动。于是每天上课前，我都会把教案设计中的教案抄一遍，抄着抄着，慢慢就明白了：突破重难点是一节课的关键。打开它的钥匙就是激发孩子的兴趣。于是，编创儿歌、顺口溜，制作教具或者画图成了我解决教学重难点的秘诀。备课有了思路后，孩子们也不再觉得数学课枯燥，并且深深喜欢上了数学。

一年后，因为教学成绩突出，我被调回中心学校。我记得坐上面包车的那一刻，孩子们冲出校门久久不肯离开。一个有智力障碍且还在读四年级的 14 岁男孩，撑着一把雨伞为我遮雨，一声不吭地把我送到面包车前。走在泥泞的路上，我早已分不出脸上是雨水还是泪水。我用手摸摸他的头，他笑了，笑得那么天真无邪，一个劲儿地冲着我挥手。那条原本不长的小路，却是我至今走过的最长的路。每次想到那些乡村小学的孩子，我就动力十足，是他们坚定了我的教育信念——根植于学生和课堂。

## 探索奋斗，初见成效

进入中心学校，分管教学的李校长送了我一本《小学数学教师》。这是我第一次接触小学数学的专业性书籍。书中专业性的知识探究、课堂活动的设计以及专家解疑都让我醍醐灌顶。如果说文字本身是没有生命力的载体，那真实地走进李校长的课堂，却让我惊奇地发现，数学课堂竟可以演绎得如此生动活泼，知识技能竟可以渗透得如此润物细无声；同样的一节课，李校长竟可以上得如此行云流水。

为了把课上好，我常常模仿优秀教师的课堂实录，照搬他们的教学环节，学习他们的语言过渡。慢慢地，我的课堂有了些许感觉，却出现了具有挑战性的现实问题。为了证明自己的"价值"，我毫不忌讳地追求考试的高分。经过一年的摸索和奋斗，班级成绩出乎意料地名列前茅。于是，"上好数学课，追求考试的高分"也就成了我当时的目标。

## 专家指点，躬身反思

有人说，机会这东西，是个跳来跳去的小子，依缘分而来，在人们面前晃一晃，谁留得住他，他就帮谁。真正的机会，其实都是自己给自己的。

2007年初春，参加工作的第二年机会来临了，我代表学校参加江阳区第三届优质课竞赛。这一次，我铆足了劲儿，认真备课，还观看课堂实录，对着录音机一遍一遍地模拟教学，找出教学环节的不足之处，修改衔接语甚至停顿时间。这样的自我锤炼，对于我这样的新手来说，恰似"家中有粮，心里不慌"。我顺利获得江阳片区第一名，颇有成就感。

然而，在评课时，江阳区教研培训中心的袁主任说："数学知识仅停留在数学的层面，不足以体现数学的价值，我们教师不是仅为了教知识而教学，而且需要让学生多元、立体地感受数学的魅力和价值。"轴对称图形"这一课程只有操作是不够的，我们可以加入更多的元素，比如汉字的对称现象。"袁主任否定了我的设计，也惊醒了自鸣得意的我：课堂教学，简单的模仿不行！课堂教学，不能邯郸学步！

数学的魅力在哪儿？数学的价值又在什么地方？我从来没有思考过。袁主任告诉我："数学的魅力很多，这需要你慢慢体会，如逻辑的魅力、思维方式的魅力。我们要知道教师的智慧可以激发学生的智慧，学生的智慧可以促进教师更进一步思考，希望你能成为会思考的教师。"

有时候，最美的风景不能一眼就看到，它需要我们有足够的耐心去寻找，去感受那转折处的风景。这次评课之后，我多了反思的意识，也多了一分行动的力量。

### 团队磨炼，破茧成蝶

2010 年秋，我考调进了泸州市梓橦路学校。至今我还记得进校不久，教研培训中心的熊老师关于"实施自主练能教学，做享福型教师"的讲座。一次由"教知"转向"练能"的全新改革，让课堂呈现出一种全新的"自学—展练"模式。在这样的学习过程中，"自主学习、自主表现"贯穿全程，"自学自练、合作演练"成为学生的学习方式与基本习惯，学生真正成了课堂的主人、主角，这样能够提高学生的学习能力和表现力。在这样的状态下，教师教得轻松，可以做享福型的教师。但这对于刚从乡村小学调入的教师来说，无疑又是一次新的挑战。

每个人心里都有属于自己的哈姆雷特。2012 年秋，学校安排我参加江阳区第六届数学优质课竞赛。对于新建构的自导式课堂教学模式，我真的是一知半解。对于开展课堂活动，我也拿捏不准。好在，梓橦路学校这个积极、奋进的团队，在面对每一个问题时都会积极合作，共同成长。

在梁老师的指导下，我更加清楚地建立导学案的框架；在彭老师的帮助下，一个个困惑被梳理清楚，我明白了什么才是学生需要的，怎样的问题设计才能培养学生的学习能力。每一次问题的深入探讨，每一个困难的逐一击破，都大大提升了自己独立钻研教材的学习能力。功夫不负有心人，我顺利通过了江阳区预赛，最终在全区决赛中荣获一等奖。

从那以后，在每一次的备课前，我都会先看教材，试着分析教材的用意和知识衔接点，思考每个章节的关键知识点、重难点，揣摩从哪些方面入手更符合学生的兴趣和认知水平，然后设计自己的教案。随后，我对照教师参考用书，查漏补缺，记录自己没有考虑到的问题。久而久之，这就成了一种习惯。每个人的成长过程，都是一次破茧成蝶，而我喜欢自我挑战。

### 溯本回源，厚积薄发

问渠哪得清如许，为有源头活水来。源头是什么？在一次教研培训中心的教材培训中，李老师的这一句话又让我陷入深深的思考。源头是什么？学习每一个数学知识的真正目的是让学生学习真东西。我们应该信任学生，放手让学生去学会；只要是能让学生自己去做的，就尽量让学生去做；只要是能让学生自己去讲的，就多给机会让学生去讲。大胆调动学生的学习积极性，培养学生的思维能力，提高数学素养，这才是有数学味儿的数学课。

只有自己"厚积"才能在课堂上轻松地"薄发"。为了提高自己的数学素养，在李老师的推荐下，我加入了"江阳区小学数学教师阅读群"。在这里，我有了更多的机会读数学专著、数学期刊，学习数学大咖理论思想；有了更多的机会向优秀的教师们请教，与他们共同交流。

捧一本书，静下心来读，是一分宁静和守候。因为有了那分宁静，我有了更多的思考和大胆尝试。我喜欢在课堂上"留有余地"，让学生学会思考，学会表达，学会归纳。这样的数学课才能真正体现学习是学生的主场。而教师只能去融入、去适应他们，在课堂上去提升每个孩子学习数学的能力，培养他们的数学思维。

"要给学生一杯水，自己要有一潭水，更要成为长流水。"这句话一直鞭策着我行走在数学教育的路上。

# 匠心筑梦，励志笃行

泸州枫叶佳德国际学校　刘章

不知不觉中，我已与教育结缘十二年了，自 2009 年接触教育便沉迷其中不可自拔，有过亦步亦趋的迷茫，也有过创造课堂的美好；有过对当下课程的困惑，也有过经历挑战的欢欣。回望一路成长，一切皆是经历，是以教材教法培训为主题的活动给我的成长指明了方向。

### 初见，初生牛犊无所惧

2009 年，我成为泸州市江阳区石寨学校的一名初中地理教师。那时候我对教学很有信心，但学生的作业和考试成绩给了我当头一棒。此时的我变得很迷茫，就在这个时候，区上组织了以教材教法培训为主题的教研活动。这真是一场及时雨，久旱逢甘霖的我，如春日的禾苗被和风细雨滋养着。往后每年我都渴望并积极地参加教材教法培训，以提升自己。

### 师培，迷茫之中见曙光

教研员刘老师结合初中地理课程标准就地理教学的目的、任务特点、地理教学过程、教学原则、教学内容、教学方法、教学形式、教师的基本素养、中学地理教育的发展方向等方面对老师们进行了培训。在培训中，刘老师重点强调作为地理老师要注重观念的转变，要从会教学生向教会学生转变，在教学中要明确教学目的、加强教师基本功、综合素养的锻炼，利用多种教学手段，突出学生的主体性。

### 反思，革新之路长漫漫

参加教材教法培训后，我才意识到自己的问题。我只是对教材知识照本宣科，没有深度解读教材内容，缺乏对知识点的理解，缺乏逻辑性甚至出现知识性错误。在教学中对知识概念不明确，以致学生不能充分理解专业名词的含义；不明白教材插图、表格的作用，对插图、表格运用不合理，缺少学生活动，因此学生的探究思考能力未能得到提高。

在教法上，我忽视了教学的主体是学生。教学要以目标为导向，而不只是讲授。我忽视了学生的认知水平，知识补充内容也超出了学生的认知。教学手段单一，课堂上学生活动单一，小组讨论也只是形式，没有体现小组合作讨论交流的精神；学生参与度不够，课堂上老师的语言啰唆，不简洁；问题设置忽略了知识的逻辑性，更忽略了学生学科素养能力培养。在教学中，我忽视了自己的语言表达，教学环节过渡不自然，专业术语运用不够，语言生硬，没有亲和力。

## 蜕变，学以致用新征程

培训后，我对教材和教法有了新的理解，开始尝试把所学的方法运用到教学中。要上好一节课，必须要做好教学设计。各个教学环节间要有逻辑性，要体现学生的主体性。接下来我将以一节公开课为例分享我培训后的教学。

教学设计从导入开始。导入的形式多样，如视频导入、复习导入、情景导入、游戏导入、复习导入等，导入的目的主要是吸引学生的注意力。

粤教版七年级下册"南亚"一节的内容主要有三个：①南亚的地形、气候；②当地自然环境对生产生活的影响；③南亚的宗教和习俗。我在设置新课导入时，最初的导入方式是以音乐引入。通过对课标的学习，我根据教材内容确定好学生的学习目标后，选择了图片和音乐同时呈现的方式来引入课题。图片内容包括了南亚洪灾、旱灾，南亚主要的农产品、宗教建筑、交通条件等。这样就能更有效、更连贯地引入后面的知识点了。

在教学过程中，活动问题设置要以学生为主体，以能力培养为目标。为了充分体现学生的主体性，我精心设置问题，设计活动任务，把内容设置为自主学习、同桌合作、小组合作、小组展示等环节，从而让课堂活起来。

在教学设计时，我把自主学习确定为第一篇章——看图说话，让学生利用地图介绍南亚的地理位置，找到南亚主要的地形区和河流。学生们查找完成后，我请学生们结合地图介绍位置，利用贴图标准地形区和河流。这样就能培养学生的表达能力和自信心。

对于小组合作学习，我在曾经一段时间里都只是将其停留在形式。我曾经在课堂上抛出问题后就让学生直接进行讨论活动，课堂看似很热闹，其实也只有几个成绩较好的学生在讨论。在培训中，我了解到小组合作学习要进行任务分工，要让学生独立思考并形成自己的观点，最后才是每个学生的观点碰撞，形成小组成果。教师首先要设置好活动的任务，给足学生独立完成任务的时间，再进行交流。这样学生会加入自己的思考，而不是盲目跟从别人的观点。在分析南亚自然环境对南亚产生的影响时，我采用了小组合作学习的形式完成学习任务（在学习任务中，为了让学生更好地分析，在任务栏中我提前给出了相关的资料，如气候对农作物的分布影响，展示了主要农作物的生长特点）。我先给学生 2 分钟时间进行独立思考，再给学生 3 分钟时间进行交流讨论。小组合作形式能让每个学生都参与学习，有利于培养学生合作探究的精神。

## 行者，众行远、远行恒

在几年的培训中，我深刻反思，不断实践，最终我的课堂变得有深度、更贴近生活。在每节课上，我都会进行总体设计，针对学生的认知水平设置问题，以自主学习、合作学习、个人展示等环节突出学生的主体性。我有幸参加各类比赛，先后获得区教师技能大赛一等奖、市优质课竞赛一等奖、"一师一优课"省一等奖，指导新教师在市优质课竞赛中获一等奖。当然，所有的收获都离不开当初的培训学习。

已取得的成就是我继续前行的动力，终身学习是教师成长最重要的途径。未来，教育的内涵与外延还将不断扩展，会有更多的教育难题等着教师去解决。教师唯有不断学习，高效学习，紧跟教材教法培训的脚步，才能紧跟时代发展。我将始终用自己的星星之火，燎原我的每一位学生！

# 教育中的缘与乐

泸州市梓橦路学校　周敏

## 缘，"乐"不可言

相遇是一种美丽的缘分，千万份职业中遇见教师，缘便由此而生；与教师结缘，便是与终身学习结缘。吾生也有涯，而知也无涯，不断地给自己充电，才能拥有源源不断的活水，墨子曰："资之深，则取之左右逢其源。"面对当前不断深入的教育改革、瞬息多变的课堂教学，"武装"自己势在必行，遇见乐山之行的"国培"，甚是有缘、有幸、有乐。熟悉的乐山、乐水让我异常兴奋，重回母校，回忆那段青葱岁月，一草一花一木、教学楼、宿舍楼、实验楼，处处留影。高耸入天的大佛坐立在三江汇合之处，让你的心在喧闹的都市中快速平静下来。在首席专家的带领下，我们享受着这场知识盛宴所带来的"乐"，领略教材教法培训带来的"缘"。

## 缘，"乐"不思蜀

缘分也许就是这样不可思议。当我正在研究信息技术与化学学科的融合问题时，"国培"培训就为我带来了四川师范大学黄松教授的"互联网+网络研修设计"的讲座。黄教授所介绍的希沃授课助手、百度遥控器、草料二维码生成器等内容，都是我感兴趣的和需要的。回到寝室后，我立马使用二维码生成器。我需要用火狐浏览器下载视频，可是我电脑上火狐浏览器的版本太高，视频插件怎么都找不到，我努力在网上搜索低版本火狐浏览器但还是不行。正当我陷入困惑、失落时，四川师范大学第一实验中学的一名优秀教师——陈子斌，带来了"网络+"时代下教学资源的收集与应用，这让我受益匪浅。陈老师实现了要钱的文章、音乐、视频免费下载，实现了纸质文字变图片再变 word 编辑……陈老师就像孙悟空一样演绎着网络的"七十二变"。正当我被信息时代的飞速发展冲击得回不了神时，接下来陈老师的"神灯搜索——改变你探索世界的方法"彻底让我"崩溃"。陈老师讲了许多我感兴趣且在一线教学中需要的软件。

我们有幸走进四川师范大学附属第一实验中学，进行跟岗研修。我们跟岗的是一支团结、奋进，各具风格，阳光积极的化学团队。在四天的跟岗学习中，我们听了老师们的随堂课"元素"、作业评讲课，转转课"水的净化"，参与了集体备课。我们领略了四川师范大学附属第一实验中学老师们的敬业、精业、钻业。他们对教材的研读、对教法的研究，都值得我学习。一曲《成都》唱遍大江南北，此刻我也想唱一曲属于四川师范大学附属第一实验中学化学团队的"成都"，有缘我的培训，"乐"不思蜀。

> 让我开拓眼界的不只你的课堂，
> 让我依依不舍的不只你的风格。
> 一路还要走多久你攥着我的手，
> 让我感到幸福的是教育的交流。
> 分别总是在眼前回忆是思念的愁，
> 深秋嫩绿的垂柳轻抚着友谊的手，
> 在师大一中的教室里，我从未忘记你。
> 成都带不走的只有你。
> 和我在成都的街头走一走喔哦，
> 直到所有的灯都点亮了也不停留，
> 你会带动我的思想，我会把它装进心窝。
> 走到成长教育的路上，奋战在教育的一线……

## 缘，"乐"在分享

培训学习结束后，我开启了教材教法培训之路。培什么，是我首先要思考的问题。在教研员的带领下，我们讨论方案，确定主题，遴选人才，组建专家团队。我已记不清多少次我们挑灯夜战，多少次我们勤学苦研，多少次我们挥汗如雨，与老师们一起共渡每周的星期三。我想将我在培训中的灼见与老师们分享，我想把信息技术更好地运用到化学教学中。于是，我和培训团队的成员们一同走进了现代教育技术设备先进的长江中学和高新区学校。在我和颜老师共同设计的以希沃软件为载体的"物质推断"课中，颜老师负责设计整节课的流程，我便负责将信息技术运用到其中，我们采用百度变声器录制声音创设"我是柯南"引入课题。在寻找物质推断的突破口时，我们运用希沃软件的游戏功能，设计"荷塘'液'色""天仙配""沙滩颜色"等，让学生们在游戏中记住物质推断中常用的颜色、俗称等，让学生们在乐中学，学中乐。课后，老师们对希沃软件有了全新的认识，对信息技术在化学教学中的应用，也产生了浓厚的兴趣，纷纷走到一体机前触摸屏幕，向我和颜老师提问题，顿时掀起了一波学习的浪潮。为助推老师们的热情，我们又在高新区学校以信息技术中视频的运用为主线，上了一节"氧气的性质"课。我用手机录制"有氧运动"视频引入新课，采用手机投屏留下铁丝火星四射、剧烈燃烧的实验精彩瞬间。很多化学知识是抽象的，但我们利用爱剪辑软件编辑视频，并进行讲解，这也收获了老师们的一致好评。

## 让我们有缘一起，"乐"在分享

诺贝尔曾说："人生最大的快乐不在于占有什么，而在于追求的过程。"我有缘领略专家的讲解，有缘参与教材教法的培训，让我孜孜不断地追求那份快乐；在教育故事中，我有缘与江阳区的老师们一起来到樱花盛开的丹林、梨花似雪的方山、菜花飘香的黄舣，我们的脚步遍布江阳区的每一个乡镇，我们见证了思维的火花处处复燃。

# 我和西路共成长

江阳西路学校　魏丽萍

　　时光如梭，如白驹过隙，我到西路学校已经二十年了。在西路学校的二十年，是我人生中最美好的二十年，亦是我成长最快的二十年！这二十年里，我和西路学校一直在共同成长！

　　2000年，听说西路学校要招考老师，我随即报名，参加面试，当场抽题备课，上课……我从来也没有这样独立上课，我离西路学校选拔老师的标准还差很多啊，加油吧！

　　2001年，西路学校再次招考老师，我又来了，带着12本教材参考书走进了独立备课室，我充满信心和激情走进了考室。后来，我非常荣幸地成为西路学校的一分子。

　　2001年的西路学校"很小"，小学部只有三个年级，初中部三个年级的人数也不多；2001年的西路学校"很大"，每一位教师都充满了朝气，平均年龄25岁的我们希望西路学校能成长为泸州市最有人气的学校；2001年的西路学校很"牛"，每个星期三，《川江都市报》的教育导刊上一定会出现西路学校的教育理念。

　　2001年的我很忙，很忐忑，很充实。儿子还没断奶，产假还没休完，我已经开始上班，从教一个班的数学变成教两个班的数学，并担任班主任。由于家离得较远，每天早晨六点半就已经出门上班的我，常常晚上八点还不了家。这个巨大的转变并没有让我觉得疲惫，反而让我更加斗志昂扬。我的第一次区级公开课就是泸州市第一届青年教师优质课大赛，我走进了一个自己完全不熟悉的多媒体辅助的教学课堂。大赛要求参赛老师自己制作媒体课件，于是我从电脑如何开机、关机学起。家里没有电脑，我就到天子店的教师培训中心找专业的刘东明老师指导。在教师培训中心袁小平主任的指导下，在学校数学教研组经验丰富的同事们的帮助下，经过一次又一次的磨课，我获得了区级青年教师优质课大赛一等奖，制作的课件"圆的认识"获得了四川省第九届优秀电教科研成果二等奖。

走进西路学校，我被委以年级备课组组长的重任，但我知道自己的专业素养完全不足以引领同组的老师们，因为我是生物教育专业毕业的，刚刚走上小学数学讲台的时候，我可是连"数位""位数"都没法区分的数学老师，现在要我带领一个年级的数学老师共同进步，我害怕自己不能胜任。但我不能心虚！俗话说：和尚都是人学的！只要肯学，没有什么能难得倒我！于是《小学数学教师》《中小学教案设计》《四川教育》等成了我的必读课本。我向有经验的优秀教师学习，朱慧、邓利平、王帮群、周玉萍、马长江等都是我身边的良师益友。

纸上得来终觉浅，绝知此事要躬行。于是，我总是争着上公开课，不管是数学课、科学课或者写字课的公开课，我都争着上，尽可能把我理解的教育教学理念、教学方法与技巧应用到课堂中去。通过一次又一次的教案设计，一次又一次的修改展示，我的教学方式越来越受到学生的喜欢。我的学生获得了全国奥林匹克数学竞赛一等奖、二等奖，我学生的书法作品获得了全国书法竞赛的金奖、银奖。在泸州市首届科学实验操作竞赛中，我的学生获得了一等奖。我成了学生们喜爱的"魔鬼"老师，成了泸州市科学学科的骨干教师。2011年我再次参加泸州市青年教师优质课大赛并获得了江阳区一等奖，后来代表江阳区参加市级竞赛，获得了泸州市第六届青年教师优质课大赛二等奖的好成绩；2013年我参加了第七届青年教师优质课大赛，在科学学科中获得江阳区一等奖。

如今我已不再是备课组组长，我成长为西路学校小学数学教研组的组长，我要和组里的18位数学老师一起共同进步，然而我并没有感觉肩上的担子变重了，因为我们有全国一线优秀教师：吴正宪、俞正强、贲友林、华应龙、徐斌等为我们做培训。我们一起看教学视频，一起分析每一个环节的设计意图，每个环节之间的过渡铺陈，每道习题设计的价值，体现的数学思想与方法。我们一起反思：如果我来上这节课，会怎样处理？我们一起阅读教育教学专著，一起走进一线名师的内心，开始对自己的每节课进行反思，尝试着把自己的想法形成文字。我们站在这些顶级名师的肩上，更加清楚地看到了自己努力的方向，我们正向着这个方向努力前行。

如今西路学校已经成为泸州市闻名遐迩的学校，学校的"和润"文化以"和"为价值导向，以"润"为途径手段，以"润物无声"的教化，使得全校 48 个班级，3 000 余名师生得到"和而不同"的发展。我们的初中毕业生成为泸州高中最青睐的孩子；我们培养出了 2 个清华大学学子、2 个北京大学学子。而我也成长为泸州市优秀教师、江阳区数学骨干教师，江阳区"2017 国培计划"小学数学五班的班主任。

回看经行处，有苦有甜，有花有果，有艰辛有收获，有欢笑有愧疚，敝帚自珍，都是财富。20 年一晃而过，昨天，我怀揣憧憬踏入西路学校，今天西路学校已建校 22 周年了，它正青春，它将继续它的辉煌。而我也将继续与全体西路人一起携手，和它共同成长，共同创造西路学校的美好明天。

# 我的成长故事

泸州市力行路小学校　秦艳

俗话说"活到老学到老"。教师更应该把终身学习当作一生的必修课，这样才能不断提升自己的业务水平，跟上日新月异的教育教学改革步伐，实现"十年树木，百年树人"的宏伟大计。不过，人总是有惰性的，在自己的舒适圈待久了后，并不是很愿意踏出改变的第一步，这时候就需要有人来推你一把。我的成长故事也就从这里开始了。

江阳区教研培训中心在每学期都会为教师们准备教材培训活动，旨在通过活动指导教师们深入研读教材参考书，促进其对教材的理解，更新教学教法，让教学活动具有实效。教研员们会通过政策引领、案例分析、经验交流、讨论互动等方式对教师们进行培训。我也是培训教师中的一员，会用心记录、积极讨论。对于我来说，每次教材培训活动都是提高教学水平的一次契机。

2020年9月上旬，教师培训中心小学六年级教研员黄正萍教师告诉我，她需要我在全区六年级语文教材培训中，围绕单元导语中的语文要素并结合课后题进行教学环节设计做一次交流分享。得到这个任务后，我一下子不能适应这种角色的变化，以前都是看别人在讲台上介绍经验，现在轮到自己上台去介绍经验，我真的怕自己的设计不够优秀，怕一百多双眼睛的注视。我把我的顾虑告诉了黄教师。她说："平时你上课都不怕，这个交流有什么可怕的呢？你就把对教材的理解呈现在教学设计中，注意紧扣主题，展开设计讲述就可以。别怕，有什么问题，随时呼我。"有了黄教师给的定心丸，我就豁出去了，就算讲得不好，台下的教师们提出的问题对我来说也是收获。

黄教师的安排是有自己想法的，她知道我上学年正好担任的是六年级语文教学工作，对所有的课程都比较熟悉。我将自己在过程中的经验拿出来与大家分享，更有利于教师们思考和借鉴。于是我又捧起了六年级的教师教学用书，翻阅了课程标准中的相关内容。本次是交流分享会，因此不能仅仅呈现课堂环节设计，还应该把设计的前因后果展现出来。理论知识先行，课堂设计随后，拓展学用紧随。定好这样的交流顺序以后，我选择了六年级上册第四单元第十三课"穷人"作为我理论实践的载体。

什么是语文要素呢？语文要素就是语文的学习要素，它包括"学什么""怎么学"两个方面，六年级上册第四单元语文要素谈到的就是：读小说，关注情节、环境，感受人物形象。教材参考书也明确指出：让每一位教师把握好教学的适切度，不要拔高要求，重视孩子们的多元感受，考虑学生的阅读水平和生活经验。从理解内容、揣摩表达，再到理解人物形象，教师需要循序渐进，适时点拨，不断丰富学生的阅读感受，激发孩子们的阅读兴趣。因此在本单元的教学中，教师要注重从阅读体验入手，关注小说情节发展、环境描写、人物描写的具体表现，让孩子们从中去感受小说中人物的形象特点。人物是小说的主要构成要素之一，小说的主题和作者的创作意图都要通过人物形象来表现。因此，欣赏小说要注意把握人物形象。人物形象即小说中人物的外貌、性格、心理活动等个人特征。

"穷人"一课，段落多达 27 个，如何在这样比较多的教学内容中找到关键点进行教学呢？这就要借助课后的练习题。我们一直在课堂上尝试做好"选点练能"的训练，如果不清楚选什么点，那么就直接把课后题变成训练的焦点。因此在教学设计中，我就借助课后第二题直击要害，利用文章中人物对话和心理描写的句子展开对人物形象的理解。总结出这类问题的回答方式后，我又结合自主学习评价题进行了拓展学用，让教师们看到把这类问题解决后，面对毕业考试中相关知识点也就不是什么难事了。当我把设计好的交流内容交给黄教师审核时，她一语中的地指出，在教学设计中不能让教学环节过于碎片化，要把它们有机结合起来，并对我的教学设计进行了优化。

交流的那一天，上台前的忐忑变成了上台后的由紧张到放松的侃侃而谈，我顺利地完成了任务。这次角色转变的经历，不但让我更加重视语文要素在备课前的目标引领作用，也知晓了课后题在教学设计中的重要性，还明白了教学设计要避免碎片化，更让我学会了把自己学到的、知晓的、明白的、做过的事情有条理地表述出来。这次交流分享会对我来说是一次获得极大提升的契机。

时间来到了 2021 年春季学期，这学期的教材培训活动主要围绕"五育融合视域下的自导式课堂"如何实施而展开。在培训活动中，教师们接触到了"五育融合""自导式"这些新鲜的教育改革概念。理论培训后，各学校也以校为单位进行着学习和实践。形式多样的培训让我体会到了"五育融合"视域下的自导式课堂的优势，于是我积极主动地在自己的课堂中去尝试。期末，黄正萍教师来我们学校指导工作，我就试上了一节自导式的期末复习课，课后黄教师耐心地进行了指点，让我明白在作业巩固的环节应该如何更好地引出学习提示，便于学生自主学习。

2021秋季学期的教学工作如约而至。九月中旬我接到了黄教师的电话，她问我：是否可以尝试在六年级教材培训时，讲一下自己是如何实现自导式课堂的教学设计的。说实话，接到电话的时候，我真没把它看成是一项任务，我把它当成了一个机会，一个再次深入学习的机会。对我而言，两个月的暑假让我对于自导式课堂的某些环节，有了一些遗忘。为了能更好地完成这次交流，我首先对自导式课堂的教学流程进行复习。其次，我从一名一线教师的角度清楚地知道：在什么时候进行精准释难，是我们迫切需要解决的问题，也是最具挑战的工作。所以，在此次交流中，我就以一个完整的课时来进行"四单"的呈现。要设计"四单"，就要知道四单到底有哪些。它们分别是预习指导单、预习检测单、课堂练习巩固单、课后作业单。江阳区已经初步总结出了自导式教学活动基本要求，简称"七有"。在设计教学活动时，教师就要尽可能地满足"七有"所涉及的要点。我把自己对自导式课堂的理解变成条理清晰的教学环节设计，尽可能用言简意赅的表达方式帮助教师们理解自导式"四单"设计。交流结束后，有个别教师和我聊天，说通过我的讲述，她们对设计"四单"有了较为清晰的认知。得到了大家的认可，我非常欣慰。

最近老听到这句话"压力就是动力"，适当的压力能让人从容应对紧张的生活节奏。我喜欢生活、工作中充满挑战，这是我前进的动力，更是我诠释积极人生的态度。感谢黄老师、感谢教研培训、感谢所有的机遇，让我在成为更好的自己的路上多了一分自信和从容。

# 成为另一个我

泸州七中教育集团高新区中学校　张凤柳

2020 年的那个夏天，我成了一名教师。彼时，这对我来说仅是一份工作，是一个离家近、在外工作三年后想要回来的契机。

茫然的我进入了另一个行业，站上了三尺讲台。面对一张张稚嫩的脸庞，我不知该作何反应。好像一切都在被时间推着向前走，而我自己就像是空壳。那时候，日子永远没有尽头，太阳落山永远那么慢，我兜兜转转却依然怀揣着大把的光阴。

在当前的环境下，学科的特性难免让我找不到成就感，打出的任何一个拳头都像是打在软绵绵的棉花上，有时候觉得上课好像是兼职。我也曾焦虑过，怀疑过，犹豫过，三心二意，彷徨不定。

可是有一天，有学生对我说，"老师，我喜欢上你的课""老师，我喜欢你"。他们对着我甜甜地笑，对着我卖萌搞怪，对着我天真又可爱，好气又好笑。他们看着我，满眼都是星光，好像阳光从来都很明媚。于是，我也笑了。

这一年来，给我感触最多的、留下最深印象的还是这些学生们，尤其是那些在大家看来成绩不好，甚至是被归为"问题学生"的他们。

他们成绩不好，他们调皮捣蛋，他们油盐不进、软硬不吃。可也正是这样的他们，让我觉得有爱，有价值，让我去思考能不能处理得更好。后来，我无意中说哭了一位"问题学生"。我无心的话语伤害到了他，他倔强地抿着嘴，一言不发看着我，直到我走到他的身边，摸摸他的头，他开始流泪，开始不出声地哭泣。我才发现他的嘴硬只是伪装，其实他也很想要老师的关注，想要老师管着他。有时候过早地给一个学生下了定论，过早地放弃一个学生，对学生来说，伤害很大。而他们也学会伪装，学会说无所谓。

内心翻涌，百感交集，充满矛盾。我在想也许还需要再多一点的耐心与爱，去治愈他们，治愈我自己。我在想，如果当初我也能遇到一个老师，给予我再多一点的耐心与爱，是不是就会不一样。

人的学习能力是不等的、有差距的，这也造成了学习的差异。要想让孩子们都达到统一标准是不可能的，用统一的眼光看不同的孩子也是不对的。孔子弟子三千，贤者才七十二；爱因斯坦小学呆头呆脑，还被学校开除；黑格尔在大学毕业时，辅导员对他的评价是："此人智力中等，不擅长哲学。"可谁能想到，黑格尔最后成了哲学大师。

其实每一个孩子都很可爱，他们比春天更有活力，比夏天更有激情。他们在十三四岁的年纪里，无忧无虑地成长，不计后果地犯错，不管不顾地前行。在初中三年里，他们与老师、同学朝夕相处，朝着同一个目标拼尽全力。这样的纯粹和投入，构成了他们十三四岁那一段充盈着活力和美好的时光。

"情不知所起，一往而深。"走上讲台，站在梦开始的地方，在那个悠闲的下午，我开始"忆往昔"。往日时光如同电影画面一般，一帧帧地在我头脑中闪过。我的往日时光有遗憾，有懊恼，但更多的是喜悦，最后能让人记得的，都是那些点点滴滴的珍贵。

我们所走的每一步都是自己的选择，也许是错的。我们可以遗憾，也可以伤感、懊恼，但不必后悔，更无须破罐子破摔。我们要坚定自己的选择，携一缕阳光，伴着一张张笑脸，一路前行。

"旧蹊埋没开新径，朱户欹斜见画楼。"也许我们也曾失落、迷茫，然而，心向未来，心向阳光，我们总会发现，所谓的困难和阻碍，往往也不过如此。那些曾经的犹豫和举棋不定，不过是我们在焦虑中找不到方向，不知前往何方，甚至不知身在何处。走过迷惘的岁月，万里山河尽数开来，跳出给自己画的牢，在选择中收获，在阳光下成长。

现在，我可以说当老师是幸福的，因为你拥有一群最可爱的学生，他们纯真而美好，他们的笑里藏着彩虹。他们越过田野奔向天空，就像风一样自由，常常带给我治愈的力量。不管上课前遇到什么烦恼伤心的事，一旦上起课来，看到学生们的笑脸，这些烦恼都会被抛到九霄云外，转头就忘却了；当听到学生们毫不吝惜的"彩虹屁"时，我更是开心得不得了；偶尔看到学生的表情包，我也会忍俊不禁；当得到学生的肯定、看到学生的进步时，我会有满满的成就感；学生们之间的玩笑打闹，也时常让我感受到美好。看着学生们的现在，仿佛看到了自己的初中时代，一切都还有无限可能。

"十年树木，百年树人。"这句话不仅适用于培养学生，也同样适用于我们自己的成长。如果用树木的生长来比喻，那么刚进入教育行业的我，还是一棵小嫩芽儿；经过这一年来的成长与积累，这棵小嫩芽儿如今多长了几片绿叶；希望多年以后，它能够成长为参天大树，为脚下的花儿们遮风避雨，守护他们茁壮成长。在这个过程中，孩子们给我提供了充足的养分、阳光和雨露。教育，有时候也是老师与学生间的相互成长、相互治愈。

曾看过这样一句话："你的职责是平整大地，而非焦虑时光。你只管去做三四月的事，在八九月自会有答案。"我想，我只管去热爱，在将来自会有答案。我只管去播种，在将来自会有收获。

某一天，你会发现你已不再感到忧伤，不会在街灯下独自起舞，不会在某个地方唱着同一首歌，不再等星星坠落，不再等一个人来改变你的生活。你可以在天空下睡去，醒来又沉醉，可以随便走在哪里，反正都是走在路上。你等到一个一个的孩子离去，在不知不觉中，我们也和孩子一样，真实地成长，在这些时间里成为更优秀的人。

# 观摩学习，抬头看见星空

泸州市江阳区茜草街道中心幼儿园　熊雅利

时光在悄悄地走着，一同前行的是十余年的一线教师职业生涯。回首过去，仿佛还在昨天。回望来时的路，一路风雨一路歌。2020 年有幸成为"茜幼"人，与同伴和孩子们向真、向善、向美而行。不同的时间，不同的地方，我的成长就像是一辆小马车，向着前方不停前行，而给我持续前行的动力就是观摩学习。

从事语言教学多年，我着迷于绘本教学。绘本教学看似简单，其实里头的学问大得很。《幼儿园教育指导纲要》里提出"利用图书和绘画，引发幼儿对阅读和书写的兴趣，培养前阅读和前书写技能""引导幼儿接触优秀的儿童文学作品，使之感受语言的丰富和优美"。对于《幼儿园教育指导纲要》，我的体会是"蓦然回首，那人却在灯火阑珊处"，我深知我现有的教学方式是不够好的，可是我就是走不出这个"迷宫"，内心很无助。直到参加了第四届西南幼儿园名师教学交流展示活动，观摩了胡卓毅老师的大班语言绘本集体教学——"流浪狗之歌"后，我顿开茅塞。

胡卓毅老师的教学设计非常精彩、环环相扣，孩子们的回答生动流利，亮点频频。我听着、记着，为胡老师极高的教学素养而赞叹，为集体教学的精彩呈现而折服。简单与厚重共存的教学环节，相得益彰，无懈可击。

胡卓毅老师的教学设计想要达到以下几个目标：第一，让孩子们有意识地观察画面布局、构图及笔触，进一步理解流浪狗的心理状态；第二，孩子们能清楚连贯地表达自己对画面内容的理解及对故事情节的合理猜测；第三，随着流浪狗的命运起伏，孩子们能够产生相应的情绪体验，有初步的共情能力。这三点，是我能够想到却也无法用如此精确、简练的语言所能够表达清楚的。我想，一名资深的语言集体教学的老师，需要有深厚的语言功底，而不能随随便便就成为优秀的语言教师。

回去之后，我反复琢磨胡卓毅老师的绘本集体教学。她的集体教学不光在我的手机里重复播放，还在我的脑海里重复播放。一种新思想、新理念已悄然间浸润身心，我对"流浪狗之歌"有了一种新的憧憬，我从绘本集体教学中收获了一种新的"思辨"。我迫不及待在大班借鉴了胡老师的集体教学"流浪狗之歌"的一些设计思路并重新组织了新"流浪狗之歌"集体教学活动。活动主线索是让孩子们根据画面内容，用适宜的声音，单独或分组完成绘本故事的讲述。我把重点放在孩子的语气、语调上，这样在培养孩子共情的能力上就增加了体验的机会，在锻炼孩子对故事情节的理解与想象方面就加大了想象和思考的难度。我还设计了一种新鲜且有吸引力的任务单，给孩子较大的想象空间。孩子的思维不仅仅停留在老师引导着读懂绘本的水平上，更重要的是在自主练习的长期实践活动中，不知不觉地进行言语和思维的练习。集体教学气氛活跃，小组合作井然有序，孩子们的语言素养随之提高。另外，我还进行了"流浪狗之歌"对于"歌"这一字的展练。在"什么时候唱什么歌"及"用音乐讲故事"的活动中，我从中点拨、引导，孩子们的口语表达能力得到进一步的提升。

通过本次观摩学习，我找到了绘本教学的突破口，拓展了绘本集体教学的方法，丰富了我绘本集体教学的手段。本次观摩对于我今后发展的影响，远远不止这些，特别是名师们身上那种从不停止追求教育理想的精神至今仍铭记在我心中。观摩学习，让我多年不变，始终保持对于教育事业的激情，它就像一条奔腾向前的大河，时而蓄势待发，时而汹涌澎湃，时而舒缓有致，让我和我的孩子们一起观赏，领略教育的真谛。观摩学习再度点燃我的学习热情。这些年来，我一直在学中看着浩瀚的世界，在习中修炼纯美心灵。

著名教育家苏霍姆林斯基说："有激情的课堂教学，能够使学生带着一种高涨的激动情绪进行学习和思考。"高效的课堂教学，需要师生挥洒生命的激情。因为只有激情，才能点燃内心深处的圣火、拨动生命的琴弦。在今后，我期待有更多做学生的机会，观摩名师集体教学。我想通过学习，得到一份有力量的帮助，提升我的教学理念，丰富我的教学资源，优化我的教学方法。更重要的是，参与名师课堂教学的观摩学习，能让心灵时时刻刻充盈着希望，即使偶尔还会深陷"迷宫"，也能抬头看见星空。

# 乐动我心

泸州市长江小学校　伏晓

一朵花装饰不了春天，一股水无法汇聚成大海。

——题记

## 一段难忘的经历

那是 2018 年的初夏，一场比赛让我蜕变，让我成长，让我如涅槃的凤凰。那是市上第一届班主任风采大赛。我不仅要上一节 20 分钟的微班课，还要在半个小时内，在封闭的环境中，在没网没资料的前提下，独自准备 10 分钟的模拟家长会发言。这对于教龄不足 7 年又第一次参赛的我来说，是一个莫大的挑战。虽然我不断提醒自己冷静，不断给自己打气，但站上模拟家长会的赛场上，我依然紧张到不知所措。颤抖的双手、结巴的语言，差点就让我无缘省赛。

以微弱的优势获得参加省赛的资格后，我告诉自己：一定要抓住机会，磨砺自己，改变自己。于是，新一轮的磨课、模拟就开始了。为了克服模拟家长会的障碍，我不断地查阅资料，每天模拟一次家长会。为了有最好的语音、语调，我把自己的声音录下来，一遍一遍地听，一字一句地改；为了有最好的姿态，我对着镜子，一遍一遍地练，一个手势、一个眼神都反复练习；为了使课件能在最短的时间达到最优的效果，我不断向专业同事请教，不断思考、突破难关。

功夫不负有心人。正是这样的努力，才使我在省赛上更加从容、镇定。让我差点败北的市赛模拟家长会，却在省赛上成为我的优势和亮点，为我赢得了一阵阵掌声。最终，我获得了班主任风采大赛一等奖的第一名。

## 一个强大的团队

如果说这场比赛，是展示自我的舞台。那我背后的教研团队就是挖掘我潜力，让我发光发亮的强大力量。从市赛到省赛，我经历了不长不短的一个半月。课题的选定、上课思路、语言、道具无一不凝结着团队的智慧结晶。他们为我出谋划策，为我想点子、改句子，还给了我各种温暖和力量。

市赛前，我根本没时间去买衣服，德育处的马主任带来了她的六七套衣服供我选择，甚至把自己一次都没穿过的新衣服拿给我当"战袍"；邓萍老师不仅帮我录音、录像、联系演员，还陪我去成都赛场，为我梳妆打扮；尹清惠老师一直是我语言、动作、神态的把关者，还为我解决了一个小麻烦。省赛前一天，我发现我穿的裙子根本没有可以别麦克风的地方。尹老师不知道从哪里找来一根绳子，在那昏暗灯光的宾馆里，一针一线地为我赶制衣服配件，又自备熨烫机把"战袍"熨得服服帖帖，让我毫无顾虑地走上赛场。而一直给我最大力量的是既严厉又温暖的王校长。为了弥补我的短板——模拟家长会，王校长列了很多题目让我练习，而她无论多忙，都会听我演练，给我提建议。上台前，王校长会亲自为我整理衣角，系蝴蝶结，仿佛一位妈妈精心打扮着出嫁的女儿。

正是这些无微不至的关心，才让我走上了更大的舞台，成为更好的自己。

## 一份看得见的成长

比赛后，我不断反思，让我欣喜的是自己的成长。

首先，我掌握了定位目标、把握教材的方法。通过团队教研，我深知在拿到一篇课文时，自己要先读，读通、读懂、读出自己的理解和感悟，读出课文的知识点和生长点。在理解的基础上，自己再仔细研究教学参考书，对教材进行充分的解读，对教学目标有了清晰的认识，才能更精确地把握课文的要素和目标。在团队教研时，针对同一个问题，不同的人会从不同的方面提出不同的看法，这能打破思维的局限，能更灵活地运用教学方法，也能更好地设计教学环节。

其次，我的语言更精炼、准确了。在只有 40 分钟的课堂上，老师的语言必须要凝练、精确，才不会显得啰唆、随意，只有精准才能让学生更快地明白你要做什么，他们该往哪个方向思考。所以在磨课的过程中，我不断被要求语言精练，不能有口头禅，减少语气词。

再次，我拥有了更灵活的课堂机制。大家知道，在课堂上，面对同样的情况，不同的老师会有不同的处理方式，而不同的处理方法又会产生不同的教学效果。大部分时候，老教师在处理突发情况时会更加游刃有余，因为他们见得多，处理得多，经验自然就更丰富。对于年轻教师来说，很多突发状况会瞬间打乱教学计划。但是经历了团队教研后，你就会不一样。在做参赛教研时，有一项非常重要的内容就是做预设。在每一个环节，学生可能会怎样回答，我们需要怎样点评，都会先考虑到。所以，我要求自己每次备课时，多考虑几个方面，多做预设。有些技能是具有普遍性的，当你掌握了这个窍门，处理起突发状况时就会更轻松。

最后，我拥有更强大的内心。参赛前的团队教研是一个痛苦的过程，长期面对同一篇课文，面对不同人的质疑，教案不断地被推翻、重建、再推翻、再重建，有时候可能改着改着，又回到最初的思路。而且这段时间没有周末，也没有节假日，熬夜是常事。有可能你前一天才改了教案，第二天又要试讲，这反复且高强度的训练，太考验上课人的心理素质了。但是，在痛苦挣扎后我们会真切地感受到发生在自己身上的变化。教研的过程就是磨炼心智和毅力的过程，经历了一次这样的磨炼，很多事情就变得简单了。

在教研团队的带领下，参加了多次比赛的我，不断成长、蜕变，从青涩走向成熟，走向专业化。现在的我已经成为教研团队的一员。我会把我感受到的温暖与专业传递给需要的老师，点燃更多的激情和梦想。

百花齐放方是春天，汇入大海才不会枯竭。我们要以比赛促进教学研究，以教学研究提升教师专业化水平。认真、扎实的校本研培，促进了新教师的成长，团队教研也促使教师们更快、更好地向专业化方向发展。

# 研修起航，沉淀革新

*泸州国家高新区初级中学校　赵莉*

在拓展性校本研修中，我很幸运地参加了"领航教师培训"。随着近年来教育教学改革的推进，社会大变革的来临，我越来越觉得"充电"很重要。"慢进则退，不进则败。"变革对我们每一个教师都很重要，江阳区教育局在这个时候给我们提供了这个研修机会，让我们看清变革的方向，掌握变革的方法，实践变革的理想。宝贵的学习机会，让我增长了知识，改变了观念，拓宽了视野，坚定了信念。当夜幕降临时，我静静地躺在床上，细细回味学习的过程，更多的是激动和留恋。我似乎听到了花开的声音，看到了自己内心深处破茧成蝶的梦想。

## 专家引领，丰富理论知识，研修中提升

"问渠哪得清如许，为有源头活水来。"何其有幸，再次聆听到母校李松林教授的精彩讲座"聚焦学科核心素养的深度学习"。李老师用通俗形象的比喻告诉我们要向农民学习，要做一个称职的"农民"。教学要抓住"三根"；要深入学生的心灵，激发学生的兴趣、共鸣情感、迸发思维；让学生在问题解决中学习。李老师结合教育教学理论，列举了两个来自教学一线的案例并逐一点评，李老师的讲座内容既高屋建瓴又贴近实践，让我受益匪浅。反观自己的教学，好像显得有些随意，不能够做到当初老师要求的"一课一得，德得相连"。自己在工作中还需要静下心来好好反思，好好准备每一节课。

在四川省教育科学研究院何立新所长的讲座"参悟 执行 创新——关于'三级课程'的几点建议"上，他从国家课程、地方课程、校本课程给我们进行了梳理。从他的讲座中，我充分感受到了校本课程的编写没有想象中那

么难，它是时代的要求、是教学的创新。同时，何立新所长通过两个改革学校的成功案例，让我明白了改革能够提升教师的核心素养，能够将国家课程校本化。对我校的校本教材的编写，我一直都保持着抗拒的态度，因为觉得它离我很远。但是何所长的一席话，让我明白了校本教材其实离我们很近，它可能是阅读理解的全面整合；它也可能是"立德树人"校园文化下的语文、历史等课程的综合体现；它还可能是我们即将进行的"1+X"的群文阅读。

听他们内容深刻独到、旁征博引、紧扣主题、发人深省、生动有趣的讲座，与他们交流对话，就像是享受一顿色香味俱全的精神大餐，让人回味无穷！听专家们的专题讲座，让我感到快乐，感悟到不少做人处事的道理，在思想理念上受到很大的冲击，在精神上接受了又一次崇高的洗礼。我感受到一种说不出的自由与轻松，呼吸到了一股民主、自由、开放、和谐、充满人文关怀与浓浓的学术研究氛围的清新空气。

研修让我走近大师，不但见识了大师扎实的理论功底、深厚的文化积淀、开阔的教育视野、精湛的教学能力及永不满足的超越精神，而且让我懂得"冰冻三尺非一日之寒"。我深深地被他们对教育教学中的许多精辟见解所折服。他们对教育的深刻见解，让人耳目一新、心生敬仰。理论学习，使我得到情感的熏陶和精神的享受，让我经历了一次思想的洗礼，享用了一顿丰盛的精神文化大餐。

### 同伴鼓舞，如影随形，反思中优化

一个优秀的人就是一本优秀的书。在校本研修中，和这些优秀的老师有了更多的接触和更深入的了解，我在他们身上发现了诸多美好，他们带给我太多感动。比如，朱祥群姐姐，每次都积极主动地清点我们的组员是否到齐，招呼大家排队，不落下任何一个人，她的待人友善，让人感动；晚上和勤奋友善的唐丽老师漫步在山城的街道上，我们畅谈工作的烦事、教学故事、生活经历，给人以精神上的洗礼；陈远素老师对生活的乐观态度，深深地触动了我。陈老师尚如此上进好学，我们这些年轻人还有什么理由浮躁，还有什么理由不好好生活呢？一个优秀的人就是一本优秀的书，你能从他们身上学到许多东西。

## 自我革新，提升培训成果，实践中前进

在教育工作中，我深深体会到教师的工作是神圣的、艰苦的，需要付出大量的精力和情感。教师需要热爱学生，致力于培养学生健全的人格和健康的心理，树立他们的自尊心和自信心。以"爱"为初心，无论是优秀学生，还是后进生，我都细心关爱，倍加呵护，从欣赏开始，从称赞入手，欣赏、称赞学生的每一个细微处，激发他们学习的热情，使他们不断成长。

培训结束后，我继续深入学习教育学、心理学、教育方法等方面的知识，把教育理论的最新研究成果引入教学过程，使教育教学的科学性和艺术性高度完整地统一起来。我熟练掌握了现代教育技术的操作和应用，积极参加现代教育信息技术的培训，能够利用现代教育技术，恰当有效地选择教学方法和方式，直观形象地展示教学内容，使教学知识传授与创新思维结合起来，培养学生的创新精神和创新能力。我积极参加江阳区信息化赛课并获得了二等奖。

教师需要公正对待每一个孩子，在孩子有困难时，在孩子做错事时，在孩子得到进步时，要做到一视同仁。教师的爱渗透在平时的点滴中，贯穿在孩子成长的每一个阶段。教师不仅要有丰富的学识，还要以最佳的思想境界、精神状态和行为表现，积极地影响和教育学生，使他们健康成长。正如奥地利教育哲学家马丁·布贝尔所说："教师只能以他的整个人，以他的全部自发性才足以对学生的整个人造成真实的影响。"教师应该把言传和身教完美结合起来，以身作则；热爱学生，关心学生，建立平等的师生关系；仪表端庄、举止文雅，以自己的言行和人格魅力来影响学生。

这次研修让我受益匪浅，感谢江阳区教育局为我们提供这么难得的拓展研修机会，感谢区教研培训中心为我们搭建这么好的学习舞台，促使我在教育生涯的轨道上大步前进！"领航教师培训"为我们校本研修拓展了更大的空间。集中研修活动虽已结束，但接下来的研修之路要靠我们自己——研修起航，沉淀革新！

# 依托校本研培，构筑教育梦想

泸州师范附属小学校　何春艳

人生如逆旅，且莫负韶华，千淘万漉虽辛苦，吹尽狂沙始到金。

——题记

## 赛课磨砺，拔节生长

古语云："家有五斗粮，不做孩子王。"出生在教师家庭的我，对教师行业的艰辛更是体会颇深。一开始我对这份职业是抵触的，但拗不过父母的苦口婆心："女孩不宜离家太远，在城区当一名老师挺好。"我心软了，恰逢1998年江阳区出台了中等师范学校的学生一律去乡镇锻炼的政策，我被分配到了华阳中心校。得到通知的那一刻，我失望极了。陷入一段时间的沉默与迷茫后，我慢慢地调整了心态：扎根乡镇，打牢基础，才能更深地懂得教育的作用。

然而，12年过去了，像无数个新教师一样，我默默耕耘在自己的一亩三分地中，像海绵一样吸收着各种知识，不断拓宽自己的眼界。印象最深的是2003年我从华阳中心校调到沙湾小学，一直教数学的我才刚刚领悟到学科特色，却被领导要求去参加江阳区科学优质课竞赛，我一头雾水。跨学科比赛，任务重、难度大，但我咬咬牙，还是答应了。

片区比赛是说课，我选择了一节室外课，题目是"我看到了什么"。在我的记忆中，当时人不多，我也没什么比赛的概念，心里一直没抱多大希望，因为我知道城区一直都是人才济济。所以比赛时，我坦然面对，从容不迫，毫无压力。没想到的是，我竟然胜出了，紧接着的就是参加全区比赛，没想到作为一名"跨界选手"，我居然又顺利通关，以第一名的成绩晋级市级比赛。

市级比赛定在一周之后，时间紧迫。室外课不好把控，再加上是借班上课，我不得不重新选择教学内容，在市区专家和学校团队的指点和帮助下，我又对"不同用途的纸"一课的教学设计进行了反复修改。专家的指导，引领着我向前不断迈进。对教学中每一个小的环节，甚至每一句话、每一个动作、每一个表情，我都深入细致地重构。深夜，我对着空荡荡的教室，独自一人一遍又一遍地模拟演示。那段时间，我的心情是凝重的、焦虑的，夹杂着丝丝渴求。通宵达旦地工作让我感到了成长过程中生命拔节的痛苦。2003 年 9 月，在叙永县西外小学举行的全市青年教师科学优质课比赛上，来自四县三区包括东道主学校在内的 8 名选手都使出了浑身解数。上完课后，我和刘校长在教室里复盘着课堂中的每一个细节，心里越想越没底。在一夜的煎熬之后，第二天大赛结果出来了，我居然荣获泸州市科学优质课竞赛一等奖。

有了这些比赛经历后，我一下子就在学校"火"了起来，区教培中心袁主任也觉得我是可塑之材，直接推荐我在同一个月里代表江阳区参加了"泸州市小学数学青年教师 CAI 优质课竞赛"。这一次，我又意想不到地获得了市级比赛第一名的好成绩。短短 20 天时间，我经历了从片区赛到两次市级比赛，用痛并快乐着来形容我此时此刻的心情再恰当不过。20 天的磨课历程，看似短暂，却让我的教学设计从幼稚、简单逐渐走向丰满、成熟，让我在教学的困惑中反思、自省、提升。一次又一次的磨课，让我聚焦教学并有了这样的认识：好课是"磨"出来的。再回头看走过的路，风景是美好的。选课是结茧，磨课在破茧，做课就是美丽的蜕变。这个过程虽然痛苦，但收获的是快乐。这些"破茧成蝶"的生命历程，也让我从此爱上了教师这份职业。

## 校本研培，构筑梦想

上天不会辜负努力拼搏的人。2010 年，我通过学校自主招考，顺利进入泸州师范附属小学校工作。因为出色的工作表现，几年后，我担任了教科处主任。我知道，这只是开始，未来我还将迎来更大的挑战。在这个人才辈出的学校，佼佼者众多，但学习的机会也更多。借助学校这个更大的平台，我坚信自己能做得很好。

**（一）聚焦课堂，塑造睿智之师**

学校在"三部九环"教学结构改革模式之下，开展"课例"研究大讨论，如每年秋季学期新教师的岗位练兵课和科研展示课，春季学期青年教师的课改竞赛课。而贯穿其中的则是推门课、年级研讨课、录播课、外出学习汇报课。在这一系列"课例"研讨的推动下，作为教科处主任的我，每学期都穿插在各种"课"间。通过参加上课、听课、评课、课题研究等活动，我学会了博观而约取，厚积而薄发，取众家之长，补己之短。我还通过"课例"学习认识了吴正宪、俞正强等众多名师。他们让我觉得教育界有一群人在引领着我前行。拼搏的人那么多，我的付出抵不过他们的百分之一。聆听他们的故事，观摩他们的课堂，让我重塑了课堂模式。风趣幽默的语言、灵动活跃的课堂，成了我追求的课堂。我不断学习、不断调整，只为给学生呈现最好的一堂课。

**（二）借力而为，成就专业之师**

1. 借力名师专家"领航"作用

学校定期开展"请进来"和"走出去"活动，坚持每学期至少请江阳区教培中心领导来我校举办一次讲座，选派教师向全国优秀教师、教育名师学习。近年来，我陆续参加数次"蓉城之秋"培训活动，收获颇丰。前沿的教育理念、新颖的课堂设计，都让我再一次刷新了对课堂的认识，对小学数学的理解。回校后，我还给全校数学教师做了"心中有棵树，教学才有数"的汇报交流。

2. 借力骨干教师"示范"作用

学校制定了《"青蓝工程"实施方案》，该方案要求：只要有新教师进入附小这个大家庭，都会隆重地拜骨干教师为师。在进入附小的11年间，我也经历了从一个徒弟向一个师傅的转变。另外，研习组活动、年级研讨活动、大教研活动，也是学校用心为老师们提供的提升自我的舞台。优秀同行的不吝赐教，新教师的新点子，总是让我眼前一亮。教学方法也是一代人的传承，一群人将影响每一个人。

## 积攒力量，渐出成效

天道酬勤。2021年4月14日，作为2020年"国培计划"泸州市江阳区新入职教师工作坊研修指导教师，我承担了小学数学1坊、小学数学2坊的上课任务以及全江阳区六年级数学教材培训的任务。我执教的"数的整除复习"一课，获得教研培训中心李敏老师和在场听课教师的一致好评。不到一个星期，我又接到了市级课题阶段成果汇报的上课任务。2021 年 4 月 20 日，作为市级课题"渗透数学文化，指向学生数学核心素养养成的小学数学拓展活动开发研究"的主研人员，我执教的"哪个圆柱的体积最大"一课，给大家起到了很好的示范作用。

　　作为一名教师，我应该用行动来诠释自己的教学理念，用智慧来谱写自己的教学乐章。冬去春来，花谢花开，在难忘的岁月中，我经历的不只是喜怒哀乐，还有我教学路上的不断成长。选择成为一名小学数学教师，我无怨无悔，也必将在漫漫教学路上不断前行，努力构筑自己的教育梦想！

# 以赛为契机，在团队中成长

泸州师范附属小学城西学校　陈万锋

　　"四川省中小学生体育教师现场课展评活动一等奖获得者——陈万锋。"随着省教科所教研员宣布最终成绩，眼泪情不自禁在我眼眶当中打转，各种情绪瞬间涌上心头。从学校初赛到全区复赛，再到汇集各区、县精英的市级比赛，我最后站在了全省的舞台上。整个过程如电影般一幕幕闪现。多少个日日夜夜，不仅仅是我自己，还有学校体育教研组的所有老师，不是在参阅资料进行教学设计，就是在整合意见、修改教学设计。

　　在全区的教学比赛中，我先从教学设计出发，根据自己的想法构建一个粗略的教学设计，然后教研组再进行商讨、修改。确定了教学设计后，接下来就是试教过程，我已经记不清楚磨了多少次课。每试教一次后，教研组再集体讨论，在实践中去发现新的问题，然后再想办法解决。只记得每位老师一节课都没有落下，每一次都客观地指出问题所在，悉心地提出解决问题的办法，甚至亲自上阵示范某个环节的教学，用最直接的方式来研究教学。磨课，反复地磨课，这是这段时间体育教研团队的日常。一次次的进步让大家越来越有成就感，一点一滴都体现出教研组所有同事的团结和专业性。就在这样一次次的磨课中，我们取得了全区赛课第一名的成绩，这体现的是学校体育教师队伍的集体智慧和专业水准。

　　接下来就是准备市级赛课了。同样是从教学设计出发，学校邀请了这方面的专家教师王志先老师对我的教学设计进行了指导。大到整体框架结构，小到每一个标点符号，每一个字的提炼，每一句话提出的依据，每一个环节的目的等，王老师指出了一系列的问题，我竟有点不知所措。根据这些问题，王老师逐一给我进行了讲解，并提出了宝贵的指导意见，这个过程让我受益匪浅。在学校体育教研组的帮助下，我最终确定了教学设计。之后，学校便邀请区体育教研员车福庆主任进行指导。"上课过程中，你的感受是什么？""枯燥？如果你都觉得枯燥，那学生肯定也是同样的感受。不要去束缚他们，让学生大胆尝试，不要去打断他们，你要做的就是鼓励和引导。"这是车福庆主任看完我的课后对我说的话。带着这些宝贵的意见，我在重新试教的时候，给了学生一个更加自由的空间，不再打断他们，而是不停地观察、鼓励、个别指导，发现问题再集体进行纠正。最终，我圆满完成了这次赛课，也如愿获得第一名的好成绩，昂首挺进省级比赛的舞台。

完成市级比赛以后，我原本以为就可以放松了，到时候就照这节课去参加省级比赛不就可以了吗？但是我太天真了。在领导的关心下，学校邀请了市体育教研员鲜元主任、区体育教研员车福庆主任、泸县体育教研员何琼主任进行指导，按照参加市级比赛的标准，我又上了一次课，三位教研员和学校体育教研组在一旁观课，课后大家坐下来一起研讨。此时，我有一种不祥的预感涌上心头。"我觉得课的准备部分可以更积极、活泼一点。""基本部分的练习方式还有值得商榷的地方。""课的强度和密度要提高，要体现竞赛和比赛内容。"三位教研员都提出了存在的问题和可以提高的地方。我一听，这可就相当于整个课推翻了重来呀！当时我的心都快提到嗓子眼了。针对这些问题，三位教研员也给出了修改的建议，我提笔默默记下了这些问题和建议。

接下来的几天，我没有一点点头绪，甚至不知道该干点什么。之前的课被完全推翻，找不到切入点，我陷入了迷茫当中。连续几天，我什么也没做，什么也做不了。同事们也看到了我的焦虑和不安，他们总是与我交流。虽然他们什么都没说，但是我知道他们是想通过这样的方式让我放松心情，迅速走出来。正是他们的陪伴，让我感觉到我并不是一个人在战斗。这让我又重燃了斗志，充满了力量。

重新来过，没什么大不了的。于是，我又开始一次次的试验、推翻，再试验，再推翻。就这样循环往复，每一次明确问题，教研团队都绞尽脑汁思索解决的对策，寻找突破点。之后，课堂氛围确实更加轻松愉快，学生也更加活跃，比之前有了一定程度的提高。第二次邀请三位教研员过来指导的时候，我其实也还是忐忑的，直到上完课，他们都对我竖起大拇指。

一切准备就绪，省级比赛这一天终于到来了。相比之前的紧张和不安，这次更多的是兴奋和激动，甚至有种胸有成竹的感觉。我放平心态，按照教学流程一步一步地完成自己的课堂教学。时间过得飞快，40分钟的课堂在不知不觉中就结束了，听着周围观摩教师的阵阵掌声，我的心也沉静了下来，如释重负一般。功夫不负有心人，历时近 5 个月的赛课最终画上了一个圆满的句号。

"一个人可以走得很快，但一群人才能走得更远"是我这次赛课经历最真切的感受。这一路走来我感觉自己是幸运的。学校领导的支持，体育教研组的鼓励和帮助，各级专家、老师的指点，让我这样一个年轻的教师最终站上了省级比赛的舞台。荣誉是暂时的，成长的经历才是永久的。有了这次的经历，我对今后教育教学工作也更加充满信心。

# 做一个幸福的逐梦者

泸州枫叶佳德学校　黄华富

　　白日不到处，青春恰自来；苔花如米小，也学牡丹开。

　　曾经以为，面对日复一日、年复一年永不改变的工作节奏，基层教师的工作都将归于平淡。而近年来在"全面推动区域教育高质量发展"的背景下，一系列针对教师专业化发展的培训在全区范围内先后开展。从"星级校园长暨名优教师培养工程"到"全国五育融合示范区"建设，从领航教师集中培训到"五育融合"名师工作室研修，我都有幸参与其中。作为学校教研活动的直接参与者，我切身感受到这一系列活动带给学校教育教学和个人教学能力的积极影响。正是区内学校教育教学改革的有力推进和快速发展，让我对教师的职业之路有了新的认识。

　　"三人行，必有我师焉；择其善者而从之，其不善者而改之"彰显了孔子为人师表的谦逊与智慧；而"师者，所以传道受业解惑也"则对教师提出了相对的专业要求。在当代教育历史进程中，教师不再是单纯的任务执行者，而是教育的思想者、研究者、实践者和创新者。现代社会也对教师的专业化发展提出了更高的要求。教师专业化发展的途径众多、形式多样，效果也不尽相同，而校本研修无疑是最接地气、最容易落地生根的途径了。它源于教师的真实教学环境，源于教学中的鲜活事例。我校物理教研活动在学校工作思路的指引下，本着灵活、开放、多元的原则，创造性地开展了形式多样的校本研修活动。

## 专题研修，让教学更有深度

　　教师是活到老学到老的职业！我们学校的物理教师除了平时的自主研修外，还会定时进行专题研修。教研组在期初制订工作计划时，根据组内教师的专业特长来分解主讲内容。主讲教师针对主讲内容进行精心准备，在规定的教研活动时间作专题讲座。组内教师围绕讲座内容进行专题研修，交流讨论、集体备课。以下是我校专题研修中的部分内容。

教材教法研修一般会安排在月初的教研活动中进行，针对这一个学月的教学内容进行分析和解读；主要讨论如何新颖、有趣地引入教学内容，如何深入浅出地解读物理概念，如何直观、规范地呈现物理实验，选择什么方式突破教学中的难点，怎样培养学生的表达能力和解题能力等。在中心发言人的组织下，大家各抒己见，思维碰撞，在交流与讨论中逐渐形成共案，在具体的教学实施过程中又根据各班的教学实际做到和而不同，在体现教研组集体智慧的同时又彰显教师的风格与个性。

与课堂教学相比，试题命制对教师提出了更高的要求。教师在熟悉教材主体知识结构的前提下，还要能准确把握各级各类考试的命题方向。一套试卷的试题来源有两个：一是直接选用已有的试题，二是对试题进行改编或进行试题原创。从近几年市区的重要考试试题分析中可以看出，试题改编或试题原创是未来试题命制的趋势。为了让学生主动适应试题的变化，近两年来，我们组内教师的各种试题命制都对试题原创提出了一定比例的要求。结合"五育融合"和中考导向，我们在试题命制时还要注重各学科知识的相互融合，注重对学生的物理研究方法和思维方法进行考查，注重对学生的物理学科素养和中国传统文化进行考查，加大对实验探究和实验创新的考查力度，力求通过试题命制和使用来引导课堂教学并促进学生的发展。

## 观摩研讨，让思考更有宽度

教学是一门开放的艺术！不可以闭门造车。只有集百家之长方可给学生更专业的指导，而观摩研讨是最直接的方式。我校物理观摩研讨主要包括组内教研课研讨、推门听课研讨和外出观摩研讨学习三种形式。

组内教研课研讨一学期开展五次，执教教师按照优质课要求提前一周做好准备，在每周三上午的集体教研活动时间进行教学实施，课后进行评课。教师们根据课堂教学情况对教学目标的达成度、学生的反馈情况、学生的思维活动、可优化的教学行为等进行多方面、多维度的教学研讨，共商优化之策。老师们也在观摩研讨中取长补短，共同成长。如果说组内教研课是精心准备的一堂公开课，那推门听课所展现的就是一堂原生态的随堂课。推门听课的不确定性要求上课教师对于每一节课都要精心备课，这对课堂教学质量的提高起到了极大的促进作用，也在教研活动之外提供了实时教研的可能，丰富了观摩研讨的形式。

以上两种研讨方式能够极大地整合教学资源，统一教学行为，有效提高教育教学质量。但随着时间的推移和思维的固化，以上两种研讨方式也存在着一定的局限性，所以外出观摩研讨可以为组内教研活动注入新的思想和活力。对于同一教学内容，我们通过观摩兄弟学校的课堂可以获得新的灵感从而改进现有的教学方法。对于外出观摩研讨，我们除了积极参加各级教研活动外，也在积极尝试与友好学校之间的联合教研，通过形式多样的研讨方式互通有无，共同提高。

## 课题研究，让成长更有速度

教学是一门有遗憾的艺术！即使课前准备得再充分，课后也不可能百分之百达到教学预期。因此，这要求教师在课后要及时进行反思和总结记录，再次优化并改进教学方案，进行二次或多次备课，这正是课题研究素材最原始且重要的来源。学校课题研究主要是为了解决在教育教学中出现的某一个或几个问题，针对问题提出可行的解决方案并形成研究成果。我校本着全员参与课题研究的原则，每位教师在每一学年都需要申报一个研究课题，课题组则印发课题研究过程记录表，让大家在课后及时把教学过程中出现的困惑或问题解决方案记录下来，形成课题研究的第一手资料。及时发现问题、及时研讨、及时提出解决方案、及时记录在册，这就是我们课题组对微型课题研究的常态。正是因为坚持不断反思与改进，老师们的课堂教学越来越有深度，越来越有底气，教学效果稳步提升，多个研究课题在市区申奖、获奖。

"双减"政策的落地，对我校的校本研修提出了新的更高要求，已有的许多常态化工作将进行调整和改进。在学生的学习时间和作业量缩减的情况下，如何保证教育教学质量，课堂教学方式该做出怎样的变化才能适应新的形势，这些都将作为我们本学期组内校本研修的重要课题进行研讨。所有老师共同努力，发挥集体智慧，再加上学校和上级主管部门的大力支持，我们有信心和决心完成这一新的挑战，共促学校和教师的长远发展，在追逐教育梦想的路上做一个幸福的逐梦者！

# 我的教学成长之路

泸州枫叶佳德国际学校　贺杜丹

2021 年 10 月 14 日，是我最难忘的一天。这一天，我参加了江阳区中学历史"五育融合"自导式上课技能培训暨优质课展评活动，并执教了部编教材八年级上册第 25 课"经济和社会生活的变化"。回顾此次赛课，难忘的不仅仅是一堂课的回忆，还有从选课到设计，从理论到实践，在整个过程中的思考、困惑与收获。

2021 年 9 月 23 日，我有幸参加了江阳区中学历史"五育融合"自导式课堂说课技能培训。在经过激烈的角逐后，我进入了上课环节。对于我来说，这既是一次挑战，又是一次成长的机会。为了圆满完成这次比赛，我开始积极准备。

首先是确定课题。在说课技能培训会上，欧阳老师宣布了上课要求。课题须来自部编教材七年级上册或八年级上册内容，所有上课老师需要原创一节历史课。当听到这个要求时，我就在思考到底要选哪一课才能更好地进行创新呢？会后，我就开始与组内教师进行讨论。在讨论过程中，我们发现七年级上册、八年级上册的教学内容已经有很多被上过了，如果选择上过很多次的课题就可能陷入固定思维的困境，很难创新。因此胡老师说："要想另辟蹊径，就选择少有教师上过的内容。"最终，我选择了八年级上册第 25 课"经济和社会生活的变化"。这一课对于很多老师来说确实不好上，那我选择了这一课就可以更好地创新。接下来，我仔细阅读了"初中历史新课程标准"，了解课标对本课的要求，接着阅读了教师用书并分析了教材内容。本课教学内容不算复杂，由"民族资本主义的发展"和"社会生活的变化"两个子目录构成，但是如何处理两部分内容并进行较好的融合，是我需要解决的重要问题。

在 2021 年 9 月 30 日的学校教研活动中，我与组内教师就本课应该怎么上的问题展开了激烈的讨论，在讨论过程中曾提出两个想法。第一，通过讲述近代中国服饰的变化，折射出近代中国民族工业的发展历程及近代中国社会生活的历史变迁。第二，通过讲述泸州火柴厂的发展历程和民国时期泸州的变化，折射出近代中国民族工业的发展及近代中国社会生活的历史变迁。两个想法都有新意，比较后我选择了后者。其一，讲述泸州火柴厂的历史以及民国时期泸州的变化，更能引起学生的共鸣，吸引学生的学习兴趣；其二，乡土资料的运用，可以让这节课变得与众不同，更能吸引学生眼球。确定好以"泸州火柴厂"作为上课线索后，接下来我就要搜集相关的文字资料以及图片资料。

在搜集资料的过程中，我就遇到了问题，只能说"想象是美好的，现实是残酷的"。在接下来的几天时间里，我跑遍了泸州市图书馆、博物馆，阅读了泸州地方史志等各种资料，希望能搜集有关泸州火柴厂的文字资料和民国时期泸州的图片资料。虽然我仔细地翻阅着各种资料，但是寻找到的有用的资料比较有限，我只能靠着有限的资料来创设本课。经过国庆节 7 天的准备，我基本搭建好本课的教学框架。于是在 2021 年 10 月 8 日上午第二节课，我进行了第一次试讲。因为这一天正好调休补周四的课，组内的老师都没有课，他们都来听了课并提出了宝贵意见。

但是我的第一次试讲是失败的，在试讲中暴露了很多问题。听课后，组内的每位老师都提出了自己的听课意见。胡老师说："教学环节不够清晰，本课的教学主题'实业救国、实干兴邦'比较直白、缺乏情感。"向老师说："课件的文字史料特别多，小组讨论的次数较少，课堂氛围十分沉闷、枯燥。教师包办整个课堂，没有充分调动学生的积极性。"谢老师提出："教学过程中每一个环节的过渡不自然，教师的语言平铺直叙、感染力较差。"此时距离比赛只有 6 天，针对这些问题到底该怎么办呢？我在一时间陷入了迷茫。

由于时间短、任务重，我没有多余的时间用来浪费，必须一一解决试讲中暴露的问题。首先，我再次跟胡老师交谈了我用"火柴厂"串讲本课的想法。在交谈中，胡老师提到既然本课主要用泸州火柴厂的发展来讲述中国民族工业发展的历程，我们就可以利用"火柴"及"火柴"的特性来串讲本课。方寸火柴虽小，一簇微小的火苗也足以点亮中国人实业救国的梦想。

在教学环节上，我们想到了"点亮""燃烧"等与火柴相关的词语，这些词语可以作为教学环节中的小标题。因此在反复的思考与磨课后，我将本课的教学主题定为"一根火柴、一段民族实业发展史"，将教学内容分为"点亮勇敢者的梦想""燃烧实业家的初心""延续爱国者的情怀"三个部分。

其次，针对文字材料多、讨论次数少导致课堂枯燥，没有充分调动学生的问题，我跟组内教师一起研讨了每一张 PPT 上的文字资料，讨论这些材料是否可用。如果要用，又该提什么问题呢？应该在哪些环节采用小组讨论的形式呢？须知每一堂课不是为了讨论而讨论，每一个问题的讨论要有意义、要有难度，一节课的讨论次数不宜太多，避免随意性与形式化。因此在组内教师的点拨下，我将小组讨论安排在了两个教学重、难点上：一是中国民族资本主义出现"短暂的春天"的原因；二是近代中国社会生活发生变化的原因。为了调动学生参与课堂的积极性，除了小组讨论外，我提出是否可以设计其他的活动让学生参与呢？邱老师说可以设计一个课堂动手活动，让学生绘制"中国近代民族资本主义"的发展走势图。这样的活动不仅可以让学生参与到课堂中，还可以通过绘制走势图让学生体会到民族资本主义发展的艰难曲折。在邱老师的指导下，我还学习了"希沃授课助手"的投屏新技术，在课堂上将学生绘制的走势图投影到屏幕上，让学生讲述民族资本主义的发展历程，充分发挥学生的主体作用。

在教学中，我还有一个非常严重的问题，就是每一个环节的过渡不自然、不顺畅，语言缺乏感染力。为了解决这个问题，我搜集了一些优美的文章，从文章中摘录了一些优美的句子作为过渡语。当我的语言没有感染力，不知道该怎么表述时，张老师主动示范。我也学着张老师的语气来进行课堂教学。在一遍又一遍的演练中、在一次又一次的试讲后，我的语言终有了抑扬顿挫之感。第一次试讲后，我在组内教师的帮助下对本课的教学设计进行了一番修改，并在随后的几天时间内进行了第二次和第三次试讲。在每次试讲中，组内教师总会提出各种问题。一次次的修改，一次次的否定，虽然有时会让我不知所措，但是每一次的修改，哪怕只是一处小小的改动对于我来说都是一次收获。

伴随着无数次的修改，时间在悄然流逝中到了比赛前一晚，这一夜我失眠了。我害怕上课时记不住过渡语，害怕不能调动学生的积极性，害怕辜负大家的信任与付出。第二天，我怀着忐忑的心情来到了比赛现场。比赛前，胡老师特别叮嘱了我："不用紧张，相信自己，保持微笑。"我带着众人的期望和关爱顺利完成了比赛。最终我获得了一等奖，这份荣誉不只属于我一个人，而属于历史教研组全体教师。在这次赛课中，我感受到了历史教研组沉甸甸的爱。通过一次次的磨课，我学习到了很多教学技巧，也发现了自己许多的不足。赛课虽已结束，但教学永不停止。作为一名年轻教师，我还要继续努力，在教书育人中不断反思，不断成长。

# 突破篇

# 微光

泸州师范附属小学校　甘玉穗

微光不及太阳那般耀眼，也不似月光般清冷，但是每道微光都有意义，或温暖过去，或照亮未来。我是一名普通的基层教育工作者，从教路上有艰辛和困难，也有收获和欢乐。成长路上最重要的里程碑，一定是承担"尧生书院"项目策划走过的那一段旅程。

## 改变是遇见的开始

改变是一个痛苦的过程，但意味着新生。泸州师范附属小学校（以下简称"泸师附小"）是一所百年名校，有着悠久的办学文化。随着时代的变迁，泸师附小的一些问题开始凸显，如城市西移造成的生源流失，教师队伍没有更新等。作为其中的一员，我希望为学校的改变贡献自己微薄的力量，可是突破口在哪里？焦灼之际，我于 2020 年 12 月有幸参加了泸州市教育和体育局组织的"五育融合视域下川渝高品质学校建设研讨"活动。这次活动完全颠覆了我对学校建设的初始认知，更加明确了学校建设的方向和目标。回到学校后，我向时任泸师附小校长的李维兵汇报学习成果，后经过数次行政会、校长办公会的顶层设计与磨合，李校长提出建设泸师附小高品质教育的"六大行动"，我找到了在自己分管领域向"高品质"靠近的途径。李校长对我说："要吃苦了哦！"我点点头，因为改变就意味着这一路的征程不会一帆风顺。

## 思考是创新的源泉

人是有思想的芦苇，有问题才有创新。我接到的任务之一是建立"尧生书院"。在接到任务后我就思考"尧生书院"只是一个单纯的阅读活动吗？它的受众群体有哪些？怎样让这个活动一直延续下去？如何让这个活动成为学校高品质建设助推器之一？这真是一个"烧脑"的过程。通过持续学习，我们团队一致提出尧生书院的愿景是：以阅读改变思想，以书香引领品质。有了愿景后，新的问题又出现了：我是学艺术的，在学校也是一直从事艺术教育工作，虽然自己很喜欢读书，但是对于如何开展有效的阅读活动？如何进行有品质的阅读？如何引导教师改变阅读观念？如何提高学生的阅读兴趣？如何让老师、家长们主动参与这项活动？这一系列问题和我的学习领域、工作范围基本不沾边，那么我如何才能让这个项目落地呢？这一系列的问题就像一座座山横亘在我的面前，让作为"门外汉"的我束手无策。

## 学习是最佳的方式

问渠哪得清如许，为有源头活水来。要获得取之不竭的"活水"，首先要在书本中找答案。我大量地阅读与活动相关的书籍，如朱永新的《我的阅读观》《新教育》、李怀远的《小学整本书阅读教学实施方略》、严华银的《课程，行塑学生的跑道》等。在那段日子里，我就像当年高考一样，在图书馆、办公室、家里都不断学习，无论何时我的包里都放着一本书。有一次，在参加音乐教研活动间隙，我准备了解阅读单的设计，于是就拿出《如何设计阅读单》这本书来看，旁边的一位音乐老师问我："你准备改行教语文了？"这让我尴尬一笑。在海量的学习中，我更加明确阅读的意义不在于读的形式而在于读的质量，更加明确阅读的目的不是让孩子会阅读而是培养终身阅读者。其次，向专家问方向。在李校长的引荐下我找到了江阳区教培中心李芝伦副主任，请他为我们的书院建设出谋划策。李主任给予我们建立"书香校园"的启发，在接近3个小时的交流中，李主任从理论高度的指导思想到活动设计的实操层面都为我们提出了建设性的建议。这一次交流如同黑夜里的星光，让我看到了"尧生书院"的前进方向。我们寻光而行还得要全体"船员"的支持和配合。最后，我向同行要方法。每个午间，我都主动去找老师们闲聊与阅读相关的各种话题，下午没有课的时候就在各年级办公室"溜达"，记下对于阅读的理解以及对于阅读活动开展的想法，回家后再把搜集来的各种信息进行汇总。4个月的坚持让"尧生书院"项目式活动策划在这样的学、问、记、思、行中初现雏形。

## 执行是制胜的法宝

只有承受破茧之痛，才担得起振翅之美。2021 年的春天如期而至，"尧生书院"项目式活动 3 年方案也如小草苦熬严冬一般倔强地长出新芽，在向老师们说明项目背景、项目目标、执行方案、展示考评等具体内容后，"尧生书院"活动正式启动。经过一期的试行，在 2021 年 6 月的读书节上，我们看到了低年级亲子绘本的表演，欣赏了中年级孩子们的诗歌小集，欣喜地观赏了高年级学生们精彩的课本剧表演。现在的附小校园中，无论是在操场的石阶上，在好读亭中，还是在教室的角落里，随处可见一个个读书的身影；以往冷清的图书馆，现在门庭若市，图书馆的心愿墙上写下了孩子们希望读书的心愿。甚至有孩子会来问："甘老师，我们什么时候有新书？"在课后服务的拓展课上不再有一张张枯燥的阅读小卷，而是孩子们沉浸于一本本生动的书籍，分享一个个动人的阅读故事；老师们的读书笔记也不再是一篇篇的摘抄而是闪耀着阅读思考光芒的读后感。

看到学校师生的变化，我的内心充满感激和感动，我和教师伙伴们、学生朋友们都在一次次阅读中看到了崭新的自己，体会到了全域阅读的力量。"尧生书院"就如同当初预想一样，会成为我们百年附小建立高品质学校的羽翼，助力学校在新时期建设的蓝天翱翔！

## 成长是最好的馈赠

成长就是跟跟跄跄地受伤，跌跌撞撞的坚强。通过几个月的学习，我接触到从未涉及的学科，看到了教育的另外一面，拓展了眼界更拓宽了心境。在与书本对话、与专家对话、与老师对话中，我对于阅读有了更深层次的理解，对于如何以阅读为杠杆来撬动素质教育有了新的认识。在不断地学习中，我感受到内心的充盈和满心的喜悦。我体会到唯有不停地学习，才能找到成长的方向；成长也让我拥有坚定的执行力，让我跳出固有思维，依靠团队力量推动项目顺利进行。"尧生书院"这一段旅程让我痛并快乐着。

比起抬头看，更重要的是低头看清脚下的路，勤奋好学和孜孜以求是走得更远的前提；有了美好的蓝图和精准的定位，更需要风雨同舟和齐心协力才能走得更远。我愿是一束微光，微弱而倔强地闪烁着光芒，照亮自己成长且力求改变的路，即使明知这一路荆棘丛生却仍要一路欢歌前行。

# 教育，是生命的一束光

四川省泸州市第七中学校　罗文燕

*教育之所以美好，是因为它能点燃梦想，能奏响生命的美好！*

*——题记*

### 初心，追随光

我的父亲是一名乡村小学教师。从记事起，每天早晨天刚亮，父亲瘦弱的身影就穿梭于大山里，无论刮风下雨，风雨无阻，走进挚爱的乡村校园，为山里的孩子带去知识与力量。30多年的教学生涯中，他任劳任怨，默默无闻，育人无数。记忆里，煤油灯下听父亲讲述他的教育故事，是我们最快乐的童年时刻。父亲已经78岁了，现在讲起一些故事，他和我们依然会开怀大笑。那时，我崇拜父亲，崇拜教育这一份神圣而有趣的职业，渴望自己长大后能成为一名人民教师。父亲，成为我心中追随的那一束光。

2002年，我大学毕业。那时，我们家里已有6位教师。面对择业，我该何去何从？儿时的梦想还能实现吗？父亲与我进行了一次深刻的谈话："每一个人都有梦想，每一个人都有最适合他（她）的事业，你成长在一个教育家庭，你适合做一名人民教师，也相信你会成为一名优秀的教育工作者。"在父亲的鼓励下，沿着父亲的足迹，非师范专业的我走上了教育之路。

### 磨砺，成为光

2007年，我从乡镇学校调入四川省泸州市第七中学校（下以下简称"泸州七中"），我既兴奋又紧张。我能适应城市中学的教学吗？我应该如何立足于讲台？我能得到师生的认可吗？父亲告诉我："年轻人，进入一所学校，站稳讲台最为重要。"是的，课堂是学生生命成长的舞台，我要在讲台上磨砺自己，让自己成为一束光，走进孩子们的内心，点燃孩子们的学习热情，让孩子们喜欢我、相信我，跟着我的脉搏一起跳动，让这些美好的生命在课堂中成长。

为了提高自己的教育教学的专业能力，我将日常教学中的每一节课当成公开课来认真准备。我精心备课，认真设计每一节课的板书，坚持每节课后写教学反思，不断根据学生的反馈来调整自己的教学策略。哪怕我再疲惫，只要走上讲台就要精神抖擞，并用关爱的眼神、丰富的肢体语言、抑扬顿挫的讲解、适时的情感教育唤醒孩子们。日复一日的磨砺，让我在课堂上得到了成长，在江阳区和泸州市的初中地理优质课大赛中均获得第一名。2011年2月，我接到了将代表泸州市参加四川省初中地理优质课大赛的通知。

一节优质课应该是怎样的呢？我反复思考并努力完善。这要求教师对课标有全面深刻的理解，并通过课前精准的教学设计，课中以学生为主体，激发学生学习兴趣，组织学生参与探究学习，提升学生的综合能力。基于这样的教学目标，我对"世界上的国家——俄罗斯"一课进行了双线旅游活动设计，在自西向东自然风光旅行中认识俄罗斯的自然环境特征；在自东向西人文旅行中认识俄罗斯的工业、农业、交通等方面的发展。整个设计思路巧妙，既能充分调动学生的学习兴趣，又能结合生活实践达成教学目标。比赛前，为了能更好地驾驭课堂，我反复斟酌教学中的每一个环节和可能出现的临时性教学情况，面对镜子，一遍又一遍地试讲。2011年4月23日，我唱着欢快的俄罗斯歌曲《喀秋莎》走进了四川省初中地理优质课大赛的讲台，以师生默契的配合与良好的教学效果，获得了一等奖第一名的好成绩。当我鞠躬致谢时，我听到了台下听课教师们的掌声。当我拨通电话告诉父亲时，我流下了激动而喜悦的泪水。

是的，站稳讲台是教师的教学基本功。每一节课都要用心设计，每一节课都要认真反思，每一次公开课、研究课、竞赛课都将成为教师成长的重要历程。这些主动的、积极的自我磨砺，终将让自己成为三尺讲台上的一束光。

## 躬行，发散光

2009年8月，我开始担任学校德育副主任、团委书记和大队辅导员。

在学校为我搭建的宽阔舞台上，我有了更多与孩子们近距离交流的机会，梦想之光在这里得到了传递。我着手建立学校"心声"广播站，组建学生会、青年志愿者协会、"半岛"文学社等学生社团，梳理学校"体验式"德育活动体系，完善学校共青团和少先队阵地建设，开展丰富的团队活动。那时的每一个课间，我几乎都背着"小喇叭"给孩子们开会，行走于孩子们之间。丰富的活动在润物细无声中让孩子们在心中根植了美好的品质与精神。记得泸州电视台在采访青年志愿者协会徐岭峰同学时，他说："我是泸州七中志愿者协会会长，在校园里也许我们能做到的事情就是随时捡拾地面的垃圾，维护校园的美好，但若能将这件小事做下去，我就觉得自己非常了不起。"孩子们就这样被影响着，成长着。

2015年，江阳区德育工作现场会在泸州七中召开，我和同事们整理汇编了泸州七中德育工作手册《静听花开的声音》《泸州七中学子成长指南》等校本教材，为江阳区德育工作者展示了学校德育工作的具体做法。学校出色的团队工作获得了"全国五四红旗团支部""全国优秀少先队集体"两块奖牌。2020年，我与工作室的成员一起，研究制订工作室计划与活动方案，并将通过工作室辐射引领本地区共青团干部发展，创新开展"星星点灯"关爱留守儿童共青团品牌特色活动。

2016年8月起，我被任命为副校长并分管教学工作。2018年，学校开启"自导式"课堂教学改革，我与行政团队一起反复研讨学校课改方案，构建学校"三环四导"自导式教学范式，带头开展破冰行动，主动上研究课，引领学校教师研究"培养学生自学能力、探究能力、合作能力"的生命成长型课堂。我先后与江阳区校园长、泸州市校长任职资格班、重庆凤凰湖中学、盐源县跟岗研修班、高新区中学校的领导和教师们开展专题交流。"感谢罗校长为我们开展自导式课堂教学改革培训，教师们收获很大，很受启发，准备返回学校后大胆试一试。"2020年11月，盐源县干海中学江泓校长发来真情满满的信息。2018年以来，我校先后与盐源县树河中学、泸沽湖学校、干海中学、盐源中学等开展结对跟岗研修达7次。如何落实好菜单式的跟岗学习？如何发挥结对学校的互相促进作用？我与教师发展中心进行了全面的思考并制定完善的方案，通过开展"共同研修、共同备课、共同上课、共上一节班会课"共同体建设活动，以达到"深度跟岗、深度融合、深度研究、深度影响"的研修目的。同时，我组织语文、数学、物理、英语、化学等学科课程改革骨干教师，开展学科专题经验交流，把我校

"自导式"教学的实践经验，毫无保留地分享给学习团队。2021年5月，学校8人教学骨干团队，跋涉900千米，翻山越岭，将课程改革送进了大凉山，送进了课堂，送到了孩子们心里。如今，干海中学党支部副书记罗蕾蕾，已成为盐源县"自导式"教学课程改革骨干教师，一年来已在盐源县内上了7节示范课。越来越多像罗蕾蕾书记一样的教育工作者，将在大凉山的土地上，将"自导式"课程改革的教育理念传递下去。

回首教育路，一路充实而美好，一路阳光明媚。父亲，是我生命里的一束光，点燃我的教育梦想，照亮我追梦的路；教育中的磨砺让我成为一束光，解冻孩子们梦里的冰天雪地，让美好的生命因教育而次第花开；教育是一束光，照亮教育的真善美，照亮教育的美好未来！

# 此生有涯，教育无涯

黄舣小学　吴建富

　　教育使人知廉耻，懂荣辱，明道德。老师教人知书达理，教人琴棋书画；老师像汩汩的清泉滋养学生的心田，让学生懂得爱能够融化整个世界；老师像辛勤的园丁修剪杂乱的树枝，改正学生的缺点，让学生成为更加完美的人；老师像挺立的荷花，通过言传身教影响学生，让学生们知道言必信、行必果。老师同样不能停下学习的脚步，需要不断充实自己，才能有源源不断的知识浇灌给学生。

## 遇见"国培"，改变观念

　　刚到学校一年，我就需要上六年级的语文课并担任班主任，我不由得担心、彷徨。只有一年教学和班级管理经验的我，要面临这群不听话、基础差、浑浑噩噩走到六年级的孩子，该怎么改掉他们的坏习惯呢？此时我的内心充满了无奈和苦恼。

　　就在我烦恼痛苦的时候，"费时耗力"的"国培"任务又来了，根据前辈们的经验，我不由自主地把它看作了"讨厌的任务"。但"国培"给我带来了很大的冲击，使我的理论知识更加丰富，教学技能更加成熟，更重要的是我找到了我需要的东西。"国培"对此时的我来说，不是雪上加霜而是雪中送炭。

## 学习新知，不断完善

　　公开课展示，是我第一次接触《詹天佑》这篇课文。拿到课文的那一刻，我的脑子是空白的，这是我之前没有接触过的文本，作者、背景我都不熟悉，就连主旨我都不能确定，而且准备时间非常有限。我只能先将生字词找出，概括出主要内容，找出几个句子进行赏析，按照这样常规的流程开展教学。我硬着头皮讲完了一节课，我以为评课时迎来的将是狂风暴雨般的批评，但是没想到，"国培"的老师给我的第一句话竟然是："小吴老师你真的很不错，我相信你下一次一定会上得更好。"

每个人的性格和天赋是不一样的，我一直觉得我并没有很多先天的优势，但是"国培"的老师却改变了我这个想法。"你的声音非常有亲和力""你的笑容很有感染力""你对于生字词的讲解十分详细"，老师们一句句鼓励的话语滋润着我的心田。是啊，我们经常被要求对学生进行鼓励式教育，怎么到了自己身上，我就忘了呢？从那一刻开始，我终于不再一味地否定自己，开始正视自身的优势。

当然，老师们也并不是一味地夸赞，在对我进行鼓励之后，从学习目标、流程设置、活动设计方面都找出了相应的问题，让我仿佛看到了教学中的新世界。

## 团队支持，超越自我

找到了自身的问题后，下一步就是如何解决。在此我要特别感谢"国培"的教师团队们，他们给予我无微不至的关怀和指导，从性格入手，先培养我的自信心；接着从教学各个方面进行分析，为我找到了最适合我的教学方案；最后以不同课文举例，教我怎样抓重点，备好每一节课。让我记忆犹新的是曹婷老师，当时她挺着大肚子参加"国培"的每一项活动，在研课磨课中积极建言献策，大家都让她早点回家，她却笑着说："我在给孩子做最好的胎教。"甚至回到家后，她还与我交流上课的事情，这让我非常感动。

经过大家的研究指导，我再次站上了讲台。为了能检验自己，我特意选择了同一篇课文。只不过，这一次我不再迷茫，眼神坚定。有趣的导入吸引了学生们的兴趣，精准的学习目标让学生明确了这节课的重难点。生字词环节是我的强项，我在这一项上深入分析，让学生学会举一反三；在探究和活动环节，我设计的活动使学生的课堂积极性高，学生对课文有了更深入的理解，也积极回答问题。课堂再也不是我之前的"一言堂"了。下课声响起，掌声雷动，我战胜了心魔，战胜了课堂，更战胜了以前的自己，这样的我才真正成长为一名能无愧于学生的老师。我对此次学习倍感珍惜，因为这次学习对我的教育事业帮助极大，我仿佛已经找到了那把通往"新世界"的钥匙。

## 学后反思，再接再厉

我曾听过这样一句话："培训就是培训时心动，培训后激动，回去后一动不动。"这可能是许多培训的真实写照，但是这次"国培"是个例外。因为它带给我太多的惊喜和感动，为我这个后来者打开了教育事业的新篇章。培训学习让我真正明白了一句话："你可以不优秀，但不可以不成长！"回到学校的岗位以后，我第一时间把"国培"期间的收获进行了梳理、反思，期待学以致用。我发现通过"国培"学习，不知不觉间自己有了很多转变：一是角色的转变，我从课堂的主宰者变为引导者、参与者，配合学生去积极探讨和学习；二是教学方式观念的转变，我从只会照本宣科，让学生被动学习，转变为用教材教、举一反三，树立学生长期发展的观念；三是对学生评价的转变，从单一的看成绩来评定优秀，转变为多元化的发展评价。我发现了每个孩子身上的闪光点并进行鼓励，给予调皮的孩子更多的爱和包容。

"国培"就像一首诗，不去细品不知其中滋味，它篇幅虽有限但影响是长远的。蓦然明白，"国培"就是我打开课堂教学改革新世界的金钥匙。我们教师作为学生成长路上的导师，要在学生们心中留下最美好的印象。我会做一位基础知识扎实的老师，潜心钻研专业知识，多渠道丰富自己，使自己的教学水平和教学能力更上一个新台阶。做一个有光芒的教师，熠熠生辉，照亮孩子们的成长之路！

# 遇见国培，遇见花开

泸州市江南小学校　陈长惠

四月的仲春，空气中透着几分凉意。窗台上，花盆里，多年的月季老根抽出几茬新芽。或多或少，或深或浅，生长着养护人的希望。花主说："要想来年花开旺盛，需适宜修剪。"就像人的成长一样，需要涅槃方能重生！

一

夜，宁静而安详，我将一身的疲惫蜷缩在沙发里，打起盹儿。"噔噔噔"，电脑里的 QQ 头像在闪动，惊醒了睡梦人。

"国培"小数九班 QQ 群里有新的信息："请愿意参加'送教下乡'第六天的诊断课'异分母分数加减法'的老师在群里报名。"看看时间，已是子时，袁老师还在熬夜工作。

江阳区教研培训中心小学研训室主任袁小平是我们这次"国培"的指导老师，每次遇到他，我都会怀着敬意称呼他袁老师。教书二十八载，一路跌跌撞撞走来，可谓是"二十八载育桃李，无私奉献勤耕耘"。可每遇袁老师的指导，都会感叹："小学数学如此浩瀚，而我就是那一粒砂砾，是那么渺小，那么肤浅。"

我想报名，但是又不想报名。这是一个一线教师内心真实的声音。三月，我报名参加了"国培"以来的属于自己的第一次诊断课，课程"角的认识"把我拉回那段煎熬、痛苦的回忆，失败如鞭，啪啪地抽打着我。

"长惠主任，你说说你这节课的教学目标是什么？"

"嗯……"语无伦次，舌头在打结，我恨不得找个地缝钻进去。

对于一个战斗在一线的老师来说，上公开课是苦差事，那是一场艰难的修行。教案一次又一次地被修改，然后一次又一次被推翻。静谧的夜，思绪万千，记忆中的那个初春，如此冗长而冷清。

继续关注 QQ 群里的报名动态，仍旧悄无声息。我的内心却开始"不安分"了，我知道上公开课对于一个老师成长的意义，它倒逼你去钻研，去成长。我内心渴望进步，我需要这样的磨炼，于是我主动报了名。

"噔噔噔" QQ 群里跳出一个大拇指，原来是江阳区教研培训中心的教研员李敏老师。

"夜猫子还真不少呀！"

"笨鸟先飞！"我自嘲道。内心却发出这样的声音："我是班长，我得带好头，我得有这样的战胜自己的勇气，我不能辜负两位指导老师的殷切指导。"

QQ 头像急切地跳动起来，我的同事——谢小洪老师接龙报名了。石岭学校的毛明勤老师，也接龙报名了。

这时的夜，分外迷人，华灯初上，流光溢彩。

## 二

时光不会因为谁而停留，有一种陪伴总在心里。

接到任务后，我一点也不敢怠慢，早早就着手准备。

美国知名学者、教育家埃莉诺·达克沃斯说过："课堂教学必须基于每个学生的独特性，而学生的独特性集中体现在每个人的观念的独特性中，教学的目的就是帮助学生在原有观念的基础上产生新的、更精彩的观念，而精彩观念的诞生很大程度上依赖于拥有精彩观念的机会。"就像沈百军老师在《为学而教》一书中说的"我们要不断地追问自己：学生到底在哪里？"也就是我们所说的找到学生的知识起点。

学校教科处得知此事后，马上为我组建了磨课智囊团，帮助我先后三次在校内试课。在试课的过程中，我一心想着让学生通过实践操作去理解算理，结果却不尽如人意。

无数双手再一次握在了一起。

"本节内容，学生需要的知识储备比较多，如同分母分数加减法、分数的意义、通分、约分等知识。学生要将众多的已有的知识经验主动转化并构建成新的知识，完成认知结构的扩展，的确很困难。"杨老师一语道破这节课的玄机。

"我们可以把重难点的内容进行分解，有机渗透数形思想和转化思想，让学生找到新知识的生长点，自主探索出异分母分数加减法的计算方法。"白老师说出了大家内心的感受。

集体的智慧如夜空的群星，熠熠生辉。终于，我们有了比较完善的教学设计。

三

时光的剪影里，多少深情，都会积淀成内心的感动。

2021年10月22日，是小学数学九班第六次第一天的活动时间，活动的主题就是我们即将执教的"分数加减法"。活动的地点让我们的QQ群热闹极了。

这次活动的地点是白马学校。白马的鸡汤，是极佳的美食，会让你的味蕾和唇舌瞬间得到满足。

"好好学习，学习完后一起喝鸡汤！"袁老师总是那么亲切。

附小的黄燕老师率先上了一节示范课。黄燕老师在讲授分数加减法的算理时，引导学生用自制学具，用两个完全一样的正方形透明塑料方格图，通过涂色、叠加理解异分母分数转化成同分母分数相加的算理，这给我留下了深刻的印象。一个看似简单的学具的利用，却独具匠心，给这节课增色不少。就像那白马鸡汤，哪怕是一处最细微的香味，食客也能被瞬间征服。

上第二节执教诊断课的是石岭学校的毛明勤老师。这节诊断课也给了我很大的启发：一是将例题的问题重组，注重新旧知识的有效链接与迁移；二是深刻理解信息中的关键词。

在听课中反思，在评课中觉醒。我好喜欢两位老师的课，就像这白马鸡汤，给人一种独特的美，由口而入，跳动于味蕾，最后滋味在心中感悟。就像卢汉文《白马鸡汤赋》开篇里说的："白马鸡汤，泸州一乡，鸡乃乌鸡，土生散养。"唇齿间的美食，教诲里的论道，一页一页，都写成记忆，镌刻在我的教育生涯里。

四

等待一场姹紫嫣红的花事，是幸福；在课堂中，能营造轻松愉悦的课堂氛围，亦是老师的幸福。

2021年4月20日上午，春日的暖阳透过窗，细细密密地洒进长江小学学术厅的教室，端坐教室里，与我一起学习"分数的加减法"。

教师精准的复习设计、细心的引导，一下子把孩子们拉进数的海洋。

"老师，相同计数单位的分数才能相加减。"旧知识被激活，新知识即将点燃。

看着孩子们纷纷举起的小手，我油然而生一种"优秀的孩子都是别人班"的感觉。

"老师，可以化成小数计算。"

"老师，可以画图来算。"

"老师，可以通分后再加。"

经验迅速迁移，发展性算理正在构建。

四十分钟很快就过去了，有几个孩子竟然舍不得离去。

我突然想起窗台上的月季花苗，心中的花竞相绽放。

## 五

晃眼一过，"国培"已结束多年，但袁老师如春风化雨般的话语时常在我耳畔回响——"人生的富有，不全是物质的满足，更多的是浓浓的情意和精神的享受"。

"国培"已结束，但李敏老师一直在我们身边，从未离开，陪我们学，陪我们研，见证我们的点滴进步。

遇见"国培"，遇见那一树花开。感谢那一场遇见，在我无助、迷茫的时候，听到了温情的花开；感谢那一场遇见，我们的教育情怀，在那一刻被唤醒、被激发、被点燃。

# 蜗牛虽慢，亦能前行

## ——我的"国培"成长之路

泸州市梓橦路小学渔子溪学校　王雪梅

怀着教师梦，我成功地踏上了三尺讲台，开启了我的教书育人之旅。然而，在职初期，无论是教书还是育人，我都感觉自己心有余而力不足。虽然我参加了平时的教材教法培训，观摩了他人的优质课，学习到了一些教学方法，但是自己在实际操作的时候，还是走不出思维的困境。我希望多参加一些培训，能让我的蜗牛前行之路走得更远一点。终于，我等来了"国培"。

### 初遇"国培"——线上研修

作为乡村一线教师，我很珍惜这样的学习机会。我在线上学习了如何运用多媒体技术激发学生的学习兴趣、如何做好家校沟通等。可喜的是，很多学习内容都是结合一些案例进行分析，教师们除了学习理论知识外，还可以通过实例进行学习、操作。

英语是一门工具学科。重复地讲解单词和句型，难免会让学生感到枯燥。"国培"学习打开了我的思路，我尝试将所学知识运用到课堂中，因此学生的学习状态有了好转。但是在实践中，我还是遇到了很多问题。因此，我在网上与其他老师交流，学习其他优秀教师的做法。

通过线上培训，我明确了新课程改革对教师所提出的要求，学习了教学理论知识，更新了教学观念，能够从更广阔的视野去看待自己正在从事的教育工作。

### 送教下乡——在"国培"中煎熬，在煎熬中迸发

线上研修进行的同时，线下的送教下乡活动开始了。如果说第一次的线

下活动是在观课和讨论中度过的，那么第二次线下活动就是在失落和煎熬中度过的。

与其他乡村教师一样，我也要上一节研讨课。最开始，我的内心是欣喜的。我在线上学习了很多知识，终于可以在全区教师面前展示自己了，也能得到送教团队和其他教师的指导。我开始根据定好的教学内容设计教案、制作课件。在制作课件的过程中，有的资源需要下载、剪辑和合成，我便开始学习如何使用各种剪辑软件。虽然遇到了困难，但是通过资源查找，我成功地编辑了自己想要的资料。

正式上课之前，我在自己的学校试上了几次课，整体感觉还比较好，虽然综合拓展部分比较难，但是学生能够跟上。我感觉自己已经用心设计和准备了，到其他学校上课时，学生应该也能跟上。

到了上课那天，我本着认真的态度，很早就到了上课的学校，等待着上第一节课。课堂上简单问候后，我微笑着引导学生进入课堂学习。在复习旧知识时，我展示学生已经学习过的天气词汇，但大部分学生只会读一两个词语，剩余的都不太熟悉，更不知道是什么意思。虽然我知道学生不太熟悉旧知识，但是为了完成我的教学任务，我没有过多地引导学生复习，还是按照原计划教授新知识。我认为第一个句型对学生来说很简单，常规操练几遍以后就进入了下一个句型的学习。离下课还有 10 分钟，我进入了综合练习部分。大部分学生都知道怎么填练习单，但是上台展示的时候，只有少数学生能完整说出来，尤其是那些与天气相关的词语。那个时候我才发现，基础不牢，地动山摇。我意识到我的教学节奏太快了。

课后，英语教研员赖显楠老师带着大家学习"教学设计技能"存在的主要问题。赖老师说："老师们在进行教学设计时，常常过于理想化，未能考虑学生的学情。也就是说，老师们对学生的知识储备、接受能力等了解较少。所以，设计出来的教案不适合学生。同时，教学设计的各个环节衔接不到位、不自然、梯度大，学生不容易接受。"听了赖老师的话，我才反应过来，自己的问题在这里，我马上从失落中挣脱出来，开始对比分析我的课和王莉老师的课。王莉老师根据学情，减少了学习内容，降低了难度，增加了学生练说的时间。反思我自己的教学，知识点没有落实到位，学生不能进行迁移运用。这说明我在设计教案的时候，没有了解学情，教学内容过多。"备课要备学生"，这是我从教育学书上和专家指点中学习到的。但是就这几个简单的字眼，并没有在我的心中扎根，我的体会不深。

课后，老师们分成了几个大组，开始给我磨课。老师们各抒己见，提出了很多宝贵意见。我需要根据大家提的建议，结合自己的想法，修改教案，第二天早上再上一次这个课。回到家后，我坐在电脑前，长舒一口气，开始修改自己的教案和课件。要在短时间内修改教案和课件，我虽感觉十分煎熬，但还是尽自己最大的努力完成了。

临时改教案后，我还不太熟悉教学流程。但第二天很快就来了，我硬着头皮上了第二次课。课后老师们都说学生的课堂学习效果比上一次好很多。顿时，我感觉自己轻松了许多。我从来没有一刻比现在更清楚：备课要备学生，教学设计要符合学生的学习情况。简短的一句话，是经过无数人论证过的。

每一次的煎熬都是在积蓄力量，等待下一刻的迸发。从那以后，我每次设计教案，都会将"了解学生的最近发展情况"落到实处，让学生"跳一跳，就能摘果子"。我还会根据学生的课堂学习情况，及时地调整自己的静态教案，让课堂活起来。

## "国培"不是终点，而是开始——蜗牛的奋进之路

对我而言，"国培"是一场及时雨，让我在迷茫中找到了前进的方向。"国培"已结束，但未来的路很长。我会把在"国培"中学习到的观念和方法运用到平时的教育教学中。

我积极参加各种教研活动和赛课，每一次的准备都是自己成长的机会。通过不断的学习和实践、积累和沉淀，我慢慢地从一个教学新手成为学校的骨干教师，从一个乡村教师成为城区教师。

## 结语

"你要像蜗牛一样，一步一个脚印，慢慢爬行。"这是多年前恩师给我的寄语。我也坚信：只要我在走，必定能前行；现在勤努力，未来更可期！

# 历练和成长

泸师附小城西学校　高丹玲

燕子去了，有再来的时候；杨柳枯了，有再青的时候；桃花谢了，有再开的时候。时间却一去不复返了，进入泸师附小城西学校工作已经是第五个年头。回忆往昔，时光在日常教学工作中悄然流逝，忙忙碌碌，来不及细细品味。

不过，在短暂的教学生涯中，我感受最深的就是江阳区教研培训中心对青年教师的培养。我也是"国培计划"的受益者。为了全面提升青年教师素质，促进青年教师成长，在江阳区教研培训中心的指导下，学校选拔了一批又一批新老师参加泸州市江阳区教研培训中心组织的"国培计划"的学习。学校在日常教学中坚持新教师培养"青蓝工程"，发挥老教师的"传、帮、带"作用；同时还积极创造条件，开展青年教师"成蹊之光""自导式幸福课堂""五育融合视野下的课堂"等教学研讨活动，鼓励并支持教师参加校内外各种教学观摩，为提高青年教师的业务能力和科研水平搭建了一个又一个的平台，让包括我在内的一批青年教师迅速成长。这种成长是快乐的，在这里，我们可以感受到领导的温情关怀；在这里，我们认识了一群志同道合、真诚相待的同事。和优秀的团队一起工作，提高的不仅仅是业务水平，更有为人的气度和胸襟。我能够获得2019年四川省道德与法治优质课展评一等奖，离不开"国培计划"对我的培养，离不开教研员李思泽老师对我的指导，更离不开学校对我的信任与鼓励。

宝剑锋从磨砺出，梅花香自苦寒来。2018年5月到2019年5月，在继续着道德与法治"国培计划"学习的同时，我代表学校参加了道德与法治优质课展评。从区级赛到市级赛再到省级赛，一次次一等奖的背后，凝聚的是磨课团队的智慧，承载的是学校校领导和江阳区教研员老师的关怀与希望。每一次比赛过程，对我来说都是"冰火两重天"的体验，我既"苦不堪言"又乐在其中。苦的是无数次选题的更换，无数次思路的调整，无数次内心的天人交战与自我怀疑，以及无数个不眠之夜。乐的是备战的我一直沐浴在大家的关爱之中，从校长信任的目光到老师们一句句"没问题，加油！相信你！"都让我内心无比温暖。每一次教案修改成型后的快乐，都让我无比享受。比赛路上的点点滴滴，汇聚成了我内心的千言万语。

## 不识庐山真面目——雏形期

2019 年 2 月初，省级比赛确定授课年级后，我就在磨课团队的建议下进行了选课，最初确定了"社会生活有规则"这一课题，但通过多次试讲与修改后，我总觉得不能很好地落实教学目标。因此，在江阳区教培中心李老师的建议下，结合当下最热的话题——5G，我又重新确立了"万里一线牵"这一以通信体验为主的课题。在学校本年级各班试课时，虽然教学设计还略显粗糙，但孩子们热情的回应让我对这节课充满信心。可是在"国培计划"培训——送教下乡时，这一节课却出现了很多我未曾预料到的问题。原来很多看似有趣的教学元素都不太适合基础知识相对薄弱的孩子，没有相应的生活体验，课堂便很难有精彩的呈现。怎么办呢？此时距离比赛开始仅仅只有一个月了。

我与磨课团队又一次遇到了难题，是大胆地换还是小心地改，这成了一个两难的问题，让我无从下手。在纠结一整晚后，"学生是学习的主体"这一理念让我坚定了更换课题的决心。经过整整一天的讨论，我们最终在李思泽老师的指导下确定了"四通八达的交通"这一课题。

## 衣带渐宽终不悔——成长期

在短短四周的时间里，在教研员老师的指导下，在团队的帮助下，我围绕教材中的教学目标对教案及课件进行了 11 次修改，这是一个群策群力的阶段，是一个心神煎熬的阶段，也是一个醍醐灌顶的阶段。

还记得磨课时，李思泽老师总能用简洁的语言总结我课堂中对教材把握不够准确的地方；王芳副校长总能从独特的角度切入，尖锐地指出问题所在；马华玉主任常常帮我记录下学生回答时的闪光点；尹清惠老师帮助我纠正知识性的错误，完善教学语言；陈炬老师从学情入手，教我有效关注学生；邓萍老师则常常扮演调皮的学生，帮助我模拟真实课堂。

团队的群策群力，让我真正体会到集体的智慧是无穷的，集体的力量是无坚不摧的。

## 那人却在灯火阑珊处——收获期

比赛前两天，我才确定了最终的教学设计，教学中我以"交通旅行"为主线，设计了"身边常见的交通工具""交通工具的特点""如何选择交通工具"等问题，让学生在课前了解交通工具的特点，通过创设情境选择合适的交通工具，并让学生明白在选择交通工具时，一定要根据交通工具特点，结合自身需求进行合理选择。为检验学生的掌握情况，我还充分利用教材，把交通行程设计安排进课堂，让孩子们在小组合作中解决问题。对环节的精心设计，对语言的不断推敲，对课堂的有效深入，对学生的整体关注，让我在省级赛台上收获了成功。

听闻自己获得一等奖的一瞬间，我心中的紧张化作激动。我深知，带着这一份沉甸甸的责任，带着所有人的期盼，我成功了！一股强大的力量推动着我前进，这股力量是"国培计划"一次次学习中的积累，这股力量是团队成员无私的付出，这股力量是我永不放弃的信念，我想骄傲地说："我做到了！我没有辜负大家的期望！"

获奖后的喜悦很快归于平静，我又很快地投入紧张的教学工作中。回首自己入校5年走过的路，我都怀着深深的感激，感激江阳区"兴教必先强师"理念下的"国培计划"对新教师的培养；感激泸师附小城西学校给予了我展示的平台；也感激自己在最青春的日子里选择了努力奋斗，让自己在历练中成长。

# 衣带渐宽终不悔

## ——我在"国培"中幸福成长

江阳区丹林镇初级中学校　朱祥群

　　面对每一次锻炼的机会，你都必须全力以赴，因为你无法预测这次机会会给你的未来带来什么变化。

——题记

　　王国维在《人间词话》中谈到人生三重境界：第一境界是"昨夜西风凋碧树/独上高楼/望尽天涯路"；第二境界是"衣带渐宽终不悔/为伊消得人憔悴"；第三境界是"众里寻他千百度/蓦然回首/那人却在灯火阑珊处"。在第一次上区级公开课之前，我对这段话并没有深刻的体会。

　　2017年的冬天，一直默默无闻的我有幸参加了"国培计划"的培训。一开始，我觉得这是一次普通的培训，不过对于一个从未参加过时间这么长的培训的我来讲，却是一次十分珍贵的机会。这些活动对于一个师范生来讲，是多么幸运的事情，我感激这次培训。在培训中，我没有任何压力，有的是住在大学宿舍的兴奋、听专家精彩讲座的激动、与同行交流的喜悦。但好景不长，在第二期培训时，我接到一个任务：此次培训结束后，我要承担一节九年级古诗复习课的教学工作。

　　得知消息的一刹那，我感觉整个人被闪电击了一下，大脑瞬间浮现出2014年秋天的一次区级比赛。那时，我刚担任学校语文组组长，第一次"带队出征"，之前从未参加过比赛，况且本次比赛的内容也未确定，我就这样毫无准备进场了。在比赛现场，主办方分发一篇课外阅读材料，教师们需要按照要求写出不同课型的教学设计，然后就进行说课比赛。我与3位同事分工合作，我是小组中最后一个说课的。只记得当时台下黑压压一片，我也不敢看评委，舌头瞬间僵硬，不听使唤，语无伦次。忽然一声"时间到"，我便如抓住了救命稻草一般，仓皇而逃。自此，我更不愿意在大庭广众下发言，也没有勇气上公开课，心中有一道无法逾越的鸿沟。

教研员张远成老师好像看出了我的心思，面带微笑说："要顺利完成'送教下乡'活动的任务，你不仅要给老师上示范课，还要作专题交流，我相信你。"看着他满含期许和信任的目光，我把拒绝的话又咽下去，只好点点头。此时此刻，我的心绪如"独上高楼/望尽天涯路"。培训期间，以前的种种美好的感觉都不复存在，食不甘，夜不寐，不管自己怎么说服自己，都无法跨过心里的那道坎儿。

离上公开课的时间越来越近，但我一点头绪都没有，张老师及时给予我鼓励：不怕，成功了就是示范课，失败了就是反面案例，都值得研究。我想最坏的结果就是反面案例，为大家讨论作贡献。

接下来我开始抛开杂念，认真思考怎么设计这堂公开课。首先，我从三个方面确立复习的主题：一是课标要求7~9年级的学生需要诵读古代诗词，有意识地在积累、感悟和运用中，提高自己的欣赏品味和审美情趣；二是对学情的调查，大部分学生读不懂诗歌，不知从何入手去体会诗歌的情感，往往凭感觉做题；三是加入复习研讨课没有的案例。因此，我把复习的主题确立为"体会情感"。其次，我依据主题和学情确立复习目标及重难点。复习目标是：①通过本课学习，学生能体会诗歌的情感；②学生在学习过程中能感受到学习的快乐、交流的喜悦。复习重点是：掌握分析诗歌的方法，能够准确把握诗歌情感。复习难点是：在枯燥的古诗复习中寻找快乐。最后，我设计了3套教学方案，运用本次培训学到的知识进行比较，发现第一套方案主要由老师讲授知识，学生去记这些方法；第二套方案是"如何把握情感"的方法，但不便于学生掌握；第三套方案是由示例展示，引导学生发现体会情感的方法，学会总结的方法。最终，我决定采用第三套方案。

初夏微热，阳光明媚，我终于在环境清幽的兰田中学顺利完成公开课，收获了学生的喜爱，也受到老师们的好评，同时感受到了"蓦然回首/那人却在灯火阑珊处"的喜悦。

此后，在江阳区教育培训中心领导的关怀下，在区中学语文教研员的引领下，我逐渐克服恐惧心理，也尝试在公开场合交流，敢于与专家现场对话。在"国培计划"的送教下乡活动中，我也多次承担公开课教学研讨，也多次做专题交流。记得在领航教师培训中，刘小红老师说过："人生只有走出来的美丽，没有等出来的辉煌！"是的，我们要珍惜每一次锻炼的机会，并且全力以赴，不管结果怎样，要让过程不留遗憾，这样的人生也会更加美丽！

# 相遇"国培"，收获成长

江阳区江北学校　向东菲

　　冬去春来，花谢花开。在"国培"学习那段时间里，有彷徨迷茫的追逐，也有奋笔疾书的紧迫。一路走来，总是在摸索中创新，在创新中蜕变，在蜕变中前行，在前行中收获。其中的喜怒哀乐、酸甜苦辣，都成为我最美好、最温暖的回忆。

　　我想我是幸运的。大学毕业后，我在工作的第一年就遇到了"国培"学习，我现在还记得数学教研主任王晓兰老师打电话给我说让我上一节成长课时的情形。当时的我还很忐忑。在上成长课之前，自己的教学方式还存在很多问题，我找不到方向，不够重视理论学习，但"国培"学习解决了我的一些问题。每次"国培"学习都会设置理论研讨和课后作业，然后王老师会进行多个专题的讲解。这些知识内容都非常实用，能够很好地指导我的教学，特别是提供了很好的课例分析，这使我在教学中遇到的问题有了理论上的解决依据，对提高我的专业能力起到了良好的促进作用。这让我知道教案与教材分析的重要性，理论是实践的基础。

　　我的第一次成长课的地点是通滩中学，内容是一元一次不等式，方式是借班上课，那是我成长过程中收获最多的一节课。无论怎么不完美，怎么不尽如人意，那也是我现在回忆中有意义的一段经历。我不断地向别人学习，认真上好每一节课，把教学能力的提高落实在每一天的课堂教学中。我研究自己所教授的课程，研究学生学习的特点，在课堂中不断实践，不断反思总结，使自己的教学水平不断提高，不断适应新课程改革的特点，经过长期的努力，我的教学水平有了一定的提高。在上成长课那天，我已经在组内磨了几次课，那个时候才知道原来上好一节课是需要花费很多时间和精力的，没有一蹴而就的成功，努力才会有收获。

那一节课，我比学生还要期待下课铃！那一节课，我比学生还要紧张！那一节课，我才知道上一节成长课就是逼你改变，逼你成长。

第一次站在江阳数学团队面前上课，第一次参加大型听课，一切都是有意义的。我深有感触：我们需要的不仅是书本上的专业知识，更需要的是渊博的知识、教育的智慧。我们要多学习知识，不断更新已有知识。感谢王老师给予我的机会，它使我明确了自己今后的教学目标，而且对一些现实存在的问题有了自己解决的心理准备。虽然我面对的困难很多，但我要积极地学习，多听专家的课，多看相应的文章，勤奋一点，才不会被现代教育淘汰。

在那次评课现场，几位有经验的教师都给我指出了问题。其中一位资深教师的几句话让我如梦初醒。"课堂是要让学生学会自己学习，而不是一味地给学生灌输知识。"这句话深深地触动了我。原来我走进了教学的误区，这一阶段更多的是明确自己的目标，实现角色转变。点评完后，我深深地吸了一口气。没有想到上一节课，会有那么多准备工作，那么多反思总结。除了感慨过程，这也让我意识到，要上好一节课，教师的态度、爱心、责任心十分重要，所以我们平时要勤读书、勤思考、勤动笔。只有及时地充实自己，提高自己，在面对竞争和压力时，我们才可能从容面对，才不会被社会淘汰。同时，我们还要学会以"诚"待人。良好的师生关系是要靠用心经营的，和家长真诚地沟通，懂得顾及家长的感受，有责任心、公平心，这样家长就会慢慢地信任你。教师不能高高在上，要有威严、言出必行，做孩子的表率；还要学会包容一切。

虽然我知道自己上课的效果不是很好，但是王老师还是一直不断地鼓励我，给我源源不断的力量支持。这一次成长课虽然结束了，但是"国培"学习带给我的磨炼和成长还在继续。在"国培"学习的日子里，在大家共同学习的征途中，我时刻提醒自己要做一名与时俱进的教师。教师除了需要及时反思，还要有良好的心态来对待工作中的困难和挫折，努力充实自己，用一个教师的标准来严格要求自己。虽然我经验不足，但我有最大的耐心、热情以及充足的信心。只要肯努力，我相信再大的困难都能克服。

与"国培"学习相遇的第三年，我从一名懵懂的大学生逐渐成长为一名真正意义上的教师。"国培"学习是助力器，是加油站，是心灵的栖息地。它使我的教学生涯更具有持续发展力。"国培"学习结束了，我也逐渐成长起来。回头看看自己的成长经历，酸甜苦辣，五味杂陈，没有辉煌的业绩，没有过人的才华。但我一定会谨记"把每一件简单的事做好就不简单，把每一件平凡的事做好就不平凡"这句话，在平凡的工作中、平淡的生活中细细品味学生们带给自己的喜悦。

相信岁月，相信种子，带着梦想，我豪情满怀地走上讲台，开始我又一段美好的岁月。心向阳光，行向远方，不忘初心，方得始终。

# 遇见"国培"，快乐成长

泸州市江阳区江北学校　孙艳

人生中最美好的时光，莫过于和一群志同道合的人在理想的道路上遇见无数精彩的故事。遇见"国培"，就是我教育旅程中最美的一个故事。

刀不磨，要生锈；人不学，要落后。不管是工作还是生活，都需要不断学习，让自己不断成长，才能与时俱进，适应生活环境、适应社会发展。我们教师更须如此，只有不断学习，才能更新教育思想，转变教育观念，改进教育方法，让学生得到更好的发展。抱着这样的认识，我满怀激情参加了教育部"国培计划（2019）"——国家级骨干教师高级研修项目（初中英语）研修。在学习期间，"国培"授课专家们一场场精彩的讲座，一个个先进的思想、巧妙的方法，让我的教育观念得到洗礼，让我对改进教育教学方法充满信心。因此，我尝试着在教学实践中积极转变英语阅读教学理念，不断探索新的教学方法。

然而，学习的热情却难以驱散我在英语阅读教学实践中遇到的"迷雾"。反复尝试变革后，我的英语阅读教学课依旧和往常一样，疲于处理单词、句法、问题等。

"在下个月'国培'研修活动中你来展示一堂公开课哦！"电话里传来一个熟悉而又亲切的声音。我想利用五一假期这几天准备教学设计，再在学校教研组研讨一下应该就没问题了。一切都在计划之中，教研组老师们积极讨论，建言献策，针对教学目标、重难点突破、情境引入、句法讲解、问题设计等方面提出建议。我自认为自己的教学设计还比较好。接下来几天，我便精心设计课件。

这天下午第一堂课，我自信满满来到课堂，开始了我的试讲。"同学们，阅读部分在考试中所占的分值比较大，阅读解题技能你们了解多少？如何才能提高我们的阅读能力呢？今天，就让我们一起进入本课去获取……"按照教学设计，我和同学们一起完成了教学，可一堂课下来，我们忙于问题的解决和知识点的落实，许多学生在课堂上无精打采、面无表情。这样的课堂敢作为"国培"研修活动的公开课吗？我不禁自问，这明显就是学生毫无阅读兴趣、学习动力不足、缺乏主动学习欲望的课堂，我的课堂还在机械地让学生学习一些单词、句法而已。这岂不是和我平时的阅读教学一样：老师尽心竭力，使出浑身解数，可是真正参与学习的学生寥寥无几，教学费时费劲。

晚上，我忍不住打通了教研员老师的电话，向她诉说着今天的状况。"国培中不是有关于阅读教学的学习内容吗？你要明白，这样的阅读课并不能称为真正的英语阅读教学，因为这些阅读课的教学内容是局限于语言、词汇、语法知识、简单的阅读技巧的讲授、训练等，并没有对文本进行很好的解读，更没有依托学科内容，让学生理解文本背后所要传达给学生的人文思想、方法认知、思维启迪等，你要将培训所学用于实践。"

于是，我再一次研习了国培学习的相关内容。英语阅读的教学目标是：获取文本信息；培养阅读技能；学习语言知识；拓展文化视野；培养思维能力；提高写作能力等。我再次温习了培训中讲到的"英语阅读教学应体现英语学科核心素养观；英语学科核心素养由语言能力、文化意识、思想品质、学习能力构成；英语教育教学应体现以人为本的教育思想和以学生为主体的教育追求"。

我除了反复研习国培培训内容，还四处请教，再次以"Birthday Food"为主题对人教版七年级英语下册"Unit 10 I'd like some noodles"的内容进行了重构设计，我改变了只简单地处理单词、语法等教学方式，而是围绕学科核心素养来设计教学活动，从激发学生学习兴趣开始，在培养学习主动性方面下功夫。

为了激发学生学习兴趣，我再次从解读教材入手，反复分析文本，挖掘教材的文化真谛和"五育融合"的元素；引导学生分析文本，去发现文本中蕴含的文化知识，让孩子们从文中去了解中西方饮食文化的差异，发现食物所传递的真谛和价值，引导他们树立正确的价值观，培育他们在英语学科核心素养中的文化品格；以"Birthday Food"为话题引导学生为自己的父母做一个小蛋糕或面食等来感恩父母，在送上自己的劳动成果时给父母用英语表达一句"It is a symbol of my loving"。

　　经过反复修改后，我的教学设计坚持渗透"五育融合"，利用信息化教学工具、资源设计交互式课堂教学，应用信息化手段，设计形象直观、丰富多彩、趣味纷呈的教学情境和课堂活动，开展生动丰富的信息技术课堂活动，让学生积极主动参与到课堂教学，激发学生的学习兴趣。

　　我的示范课如期而至，我收获了孩子们学习的愉悦，收获了老师们的肯定，我悬着的心终于平静了下来。从那一天第一次试讲，到站上"国培"公开课的讲台，我已经浴火重生，幸好有"国培"引路。

　　学以致用，知行并进。这次"国培"学习，让我深刻体会到学习就是逆水行舟，不进则退，没有耕耘哪有收获。理无专在，而学无止境也。"国培"指明了我学习研修的方向，"国培"指引我在教育生涯里不断学习、快乐成长。

# 问渠哪得清如许

## ——记我的"国培"人生

泸州七中　易启琴


当半弦月挣扎着爬上来的时候，
一切都沉睡了，
夜安静了，
唯有寂寞在肆掠着残留的一丝喧嚣的气息。
蛰伏在那无边的月色中，
守候着那同样寂寞的残荷，
静静等待月色蹒跚离去。
谁也不知道，
有多少个这样的岁月，
我犹如雕塑一般的守候。


曾经以为我的教学生涯如这样的月夜，会伴随我的人生就这样走下去，然而人生终不是死水，微风总不邀自来。

那一年的春暖花开，生命一如既往的鲜亮，春光明媚得让人蠢蠢欲动。

那一年，我还在一个山村学校里。那时，美术是"豆芽科"。其他美术教师或音乐老师都抢着或被游说去上了其他学科。因为对美术教学的热爱，所以我一次次拒绝了别人的游说。就在这苟延残喘的坚持都显得苍白并且我都以为自己要放弃的时候，我开始了我的第一次乡村教师"国培"之旅。

没有华丽的辞藻，没有专家的高端理论。"教师教学的用心"平平淡淡的几个字却给我振聋发聩的启示，一个才工作9年的年轻老师用她的实际行动践行了她自己的教育理念。我真有点汗颜，工作 14 年了，从最开始天真的激情到现在迂腐般的淡然，虽然自己一直也在认认真真地教书，但是我究竟用了多少"心"呢？一直觉得自己的角色不重要，学科的性质就决定了自己工作的重要性。虽然素质教育也推行了好多年，但是教学的旧观念还在，孩子们喜欢的手工制作等被家长认为是不务正业。也许真有天赋的学生，也被扼杀在摇篮里了。这位年轻老师的理念、方法有我所未曾想到的方面，解决了我以往教学设计的矛盾和困惑。我深刻反思着自己平时的教学，才知道自己做得多么不足，又暗自庆幸自己是多么幸运，改变自己还来得及。

教学，不管是哪一门学科的教学，都会遇到各种现实的、客观的困难，但我们是教师，不可能等待这些客观的困难解决了再来上课，我们无法改变客观的东西，但我们可以改变自己，改变思维啊！我们平时视而不见的小桥、流水、人家不是教学资源吗？绿树、蓝天、白云不是教学资源吗？红墙、绿瓦、青石不是教学资源吗？

我怎么就对眼前丰富的教学资源熟视无睹呢？泸州既是国家卫生城市又是优秀旅游城市。这片土地孕育了闻名中外的"国窖1573"，历经几百年的老窖窖池，酒香四溢；古蔺郎酒的窖藏"独一无二"，是在一个天然的洞穴中，其间无数的微生物群，成就了郎酒的浓香；承载历史的古镇星罗棋布：尧坝、天堂坝、佛宝……就连我们学校也是在一个古镇上，这绝对是学生们写生的好地方；玉蟾的浮雕《流民图》是画家蒋兆和先生的作品，可以带领学生回到那个战争年代感受苦难，也会让他们好好珍惜今天的幸福生活；江阳区分水的油纸伞曾经闪耀央视，江南的婉约就因这把油纸伞被诠释得玲珑剔透。泸县的宋代石刻、龙脑桥，合江佛宝美丽的原始森林，古蔺的黄荆老林等，这些数不胜数的美术资源怎么就被我漠视了呢？

罗丹曾说："生活中不是缺少美，而只是缺少发现美的眼睛。"只要我们善于去发现，美术的世界何其广阔，我们还用得着抱怨没有教材，不受重视吗？只要做个善于发现的人，就一定能让美术这门学科盛开在泸州这片肥沃的土地上。

在这次学习后，我就活跃在乡村的田间地头。各种赶集市场、各种稀奇古怪的玩意儿都可以为我所用。然而时间一长我才发现，其实收获的不是几件教具、几件美术材料，而是一个全新的自己，带着孩子们领略大自然美术世界、游刃有余上美术课程的自己。农村的孩子一样有权利知道什么是水粉颜料！什么是蒙娜丽莎！在乡村学校的 10 多年，我就这样把自己当成了一棵树，在微风拂过时悄悄告诉另一棵树，水波荡起的涟漪交变着光亮是因为那里有活水流动。

有位老师曾说过："对这节课，我准备了一辈子。总的来说，对每一节课，我都是用终身的时间来备课的。"作为一名老师，我们都是终其一生只为上好一节课而努力！

在春光烂漫的日子里，我迎来了再一次的"国培"学习之旅，所不同的是：这次我作为指导老师协助指导工作。虽然我是抱着学习的态度来参与，但是真正加入了之后才发现自己真是太不自谦了！

我知道，人平静太久终是会倦怠的，幸好我再一次来了！

教育是在反哺中不断提高和升华的，思维要碰撞才会更加敏捷。生命在于不断地学习和教育，也在于不断地被学习和被教育。我们总是在摒弃糟粕，留下精华。

看着我们小组里朝气蓬勃的年轻面孔，看着他们一次次的激励研讨，看着他们一堂堂生动有趣的课堂，昨天腼腆，今天光芒四射，我才幡然醒悟，我其实才是那个最应该学习的人！

年轻老师们的美术课堂理性、睿智、简洁，让自己和学生融合在一起，教师不是权威，师生不再是对立关系，而是朋友、平等合作的游戏伙伴。我能像他们一样融入孩子们中吗？我踌躇了，我明白了，我如果只是一个旁观者，那么终将失去生命的色彩。

脸谱的色彩还在我眼前晃动，那精灵一样的声音还在耳边环绕。而我终是不能等待了，我必须为我的生命涂上色彩。

教学的那半亩方塘，要想清如许，只有源头活水来，生生不息，学行不止。

> 天空退去最后一丝红晕，
> 岁月自得地春风化雨，
> 蛰伏的我蹚过岁月的河，
> 如一只征服世界的走兽，
> 行走在石膏与静物之间，
> 流连于书本与画架之间，
> 成长于三尺讲台之巅，
> 涩涩的青春年华似乎拨开了天空的乌云。

天空像蓝丝绒一样，
伊人梦，
梦的世界盛开了鲜花。
我是时间长河的宠儿，
是荒石下一棵不屈的野草，
是课堂里铿锵的老桂树。
华发悄然爬上鬓间，
生命的旅程把我描绘成一幅最苍凉遒劲的山水画，
甘然为之一生守候。

# 领航篇

# 恰是满目繁花

泸州市第十五中学校　邓莉

## 我欲穿花寻路，直入白云深处

这是一个摇篮巨婴的故事。

他是转学来我班的一个白白胖胖的男孩儿，动作慢，不大喜欢交流，更不喜欢与同学嬉笑玩耍。轮到他扫地，他说："我做不来！"；体育课做俯卧撑，他说"我做不到！"；家庭作业没做完，他说："我不会做！"。一天清晨，我在校门口碰见他，他把双手揣在上衣兜里，慢慢走着。他的爷爷跟在他身后步履蹒跚，双肩上还背着他的大书包。爷爷见我，笑笑说："孩子早产，照顾得细。一直都是我背书包。"其实，这孩子身体很结实。

班上还有好几个不想长大的学生。我决定，用心地牵上这群"蜗牛"去散步。于是，我开始"做加法"，奔忙在教室、办公室、寝室之间；进班跟班，观察着学生的精神面貌。为了让他们明白生活自理能力的重要性，我和他们一起读《鲁滨孙漂流记》，认识那个在荒岛上独自生活 28 年的鲁滨孙。读完这本书，有个孩子就把网名改成"星期五"。我开始和他们一起整理书包书桌、建资料夹、制订每日体育锻炼计划。为了深入学生的内心，我报考了西南大学教育心理学方向的研究生课程班，把这群特别的孩子作为我的课题研究对象，他们成了我认真研修的一本本无字书。这本书，教会了我如何带出不一样的班，教会了我如何让每个花种子都开出花朵。两年来，我把特别的爱给了特别的他们，终于摇篮里的种子萌芽了，他们的成长就要从这儿开始了！一路穿花寻路，我眼前就是那白云深处。让我做一个灵魂有气度的班主任吧，多一点耐心，等等孩子！这应该就是我做班主任的第一境界吧！

## 时有落花至，远随流水香

这是一个"云端"孩子的故事。

她是一个喜欢穿汉服、看哲学书追寻"活着"意义的孩子。她聪明，文体兼优；上进，追求完美；敏感，生活在一个单亲家庭；能干，担任班长。因为太优秀，她与同学总有点距离。因为太负责，她要求自己尽善尽美。大家笑称她是"云端"的孩子。初二下学期，她开始表现出异常行为，白天无精打采，情绪低落。与她交流，我才得知她内心时常觉得辜负了妈妈和老师，无法从失望和内疚的心情中解脱出来。此时的她多么无助呀！我知道，要给她一个火堆了，火不用太高，有温度就行。我决定要成为朋友型"班妈"，帮她卸下包袱。于是，我开始"做减法"。我写了一幅字给她"鲜衣怒马，正是你"，向她发出邀请："我俩做好朋友吧！"她露出久违的笑容。放学后，我与她分析责任与欢乐的平衡问题，告诉她我们不用过只有责任没有欢乐的清教徒式的生活，不必苛求所有的事情完美。那一阵，天总阴沉着，终于有一天，太阳出来了，我拉她去操场晒太阳，看满墙翠绿的爬山虎，她说："今天，真好！有你，真好！"她说想养兔子，我俩一致同意。我们把情绪倾诉到日记里，再彼此交换阅读。感受到"烟火味"的真实与美好，她终于跳出了内疚的牢笼，她又发出了爽朗的笑声。后来，她以优异的成绩升入高中。节假日，她会穿汉服、吟诗词，也会拍美照。我真替她高兴！是的，满足孩子实现自我价值的需要，就要尊重他的个性，尊重他的天赋并使其发挥到极致，因为每一颗星星，都值得被守护。做一个灵魂有温度的班主任，用爱温暖每一颗孤独的星星，用爱点亮那一片璀璨的星光。时有落花至，远随流水香，这应该就是我做班主任的第二境界吧！

## 掬水月在手，弄花香满衣

这是一路灵魂的芬芳。

2018年7月2日，我参加了领航班主任第一次培训。广营路小学的校园里，篱落花墙，书香微醺。名为"调整思维模式，走向终生成长"的讲座引发了我的思考：我有青年人的"暮气"吗？有老年人的"朝气"吗？如何在成长型思维模式下把"班妈"做得有滋有味？于是，我决定"做乘法"。我开始了跨界阅读，让自己学养宽厚而不落俗套，能从学生的视角去审美，让理念更新。

2020 年 1 月，我参加了领航班主任高级研修班的学习，华东师范大学教授的"新时代基础教育家校共育"讲座拓宽了我的思路。什么才是学生需要的教育？什么教育对学生终身有益？我在这里找到了答案。于是，我把医学博士请到课堂，开展生命教育，开展午间阅读小活动，让每个孩子都有展示的大舞台。一次次的学习，让我的方向越发清晰，信仰更加坚定。我想起瑞士钟表匠布克的一个观点：金字塔是由当时具有自由身份的农民和手工业者建造的，因为他们是怀有虔诚之心的自由人，怀有不满、对抗、憎恨心情的奴隶是建造不出浩大、精细、天衣无缝的金字塔的。如果说教育是金字塔，建造它的应该是内心充满宁静、虔诚、幸福，对教育有着信仰和情怀的班主任，满腹积郁的班主任建造不出教育的金字塔，身心窘困的班主任培养不出精神富足的学生，梦想枯竭的班主任培养不出梦想远大的学生，只会抱怨的班主任是看不见孩子的可爱之处的，也不会觉得被孩子需要是那么的幸福。

做一个灵魂有香气的班主任，像芬芳拂过云朵，用至善至美的价值观去一路守候，等待一路花开，见证他们从懵懂无知走向青春洋溢，想象他们在未来的日子里依然熠熠闪烁。到那一天，定是春和景明，满目繁花。掬水月在手，弄花香满衣，这就是我做班主任的第三境界吧！

# 我从迷雾中拨云见日

泸州市实验小学校　万丽

一个人走路或许会走得很快，但一群人会走得更远。担任班主任 18 年的我，对此感受尤为深刻。在过去的班主任工作中，我独自摸索，一路跌跌撞撞。很庆幸自己成为江阳区领航班主任的一员，经过一系列的学习培训，这条路才走得更加顺畅了。然而，学校班主任教研组长的新角色又让我走入迷雾中。

## 赶鸭子上架，迷茫无绪

2019 年 8 月 30 日，开完教师大会的我正和久别的同事有说有笑地走出校门，一个熟悉的声音叫住了我："万丽，等一下，我有事儿找你商量。"我回头一看，原来是德育主任李小华。他笑眯眯地走上前说："这学期呀，上级要求各个学校要成立班主任教研组。学校拟让你担任组长。"

班主任教研组成立仪式上，我记不清自己说了些什么，我只看见其他班主任脸上的疑惑、不满和不支持。"本来班主任的事情就够多、够杂了，还要占用时间来搞教研！""班主任历来都是听令而行，搞什么教研组哦！""就是啊，不晓得要干啥子？"老师们的窃窃私语，无疑又给我肩上的担子增加了几分重量。我脑子一片空白，李主任鼓励我说："别怕，学校德育处将和你同舟共济。何况，你不是正在参加区上的领航班主任培训吗？那将是你坚强的后盾！"这番话使我在迷雾中看见了一丝曙光。于是，我被赶鸭子上架了。

## 蹒跚学步，齐心划桨

都说万事开头难，怎样才能开动教研组这艘大船呢？为了寻求宝典，我更加专注于江阳区领航班主任培训。那一场场精彩的专家讲座，那一次次激烈的小组讨论，那一幕幕难忘的角色体验，开拓了我的思维，激发了我的灵感。对呀，我们的教研活动也要像区级培训那样对症下药、有的放矢。这样的教研才能最大限度地激发班主任们的参与热情，才能最大限度地提升教研效果，才能凝聚人心！主角是大家，主意靠大家！

于是，我精心设计了调查问卷，向班主任们寻求金点子。令我特别兴奋的是，班主任们很真诚，在征求意见单上写满了解决的计策。从中，我看到了班主任们共同的心愿——做一个高效、减负的"懒"班主任。这难道不是我们教研活动的最终目标吗？人心所向就是教研之所向！于是，在大家的建议下，我们开启了优秀班主任经验交流模式。在第一次交流会上，大家推荐的胡晓霞老师做了专题讲座"关注班主任身心健康"。一开始的心理游戏便牢牢吸引了班主任们的兴趣，带来笑声一片；之后的心理测试与分析，使大家茅塞顿开、恍然大悟；最后，她深入浅出的理论讲解，获得了阵阵掌声。随后几次的交流活动，既有年级组推荐的，又有毛遂自荐的，还有即兴演讲的。

新的一学期又开始了，教研之路到底在何方？当我再次陷入沉思时，及时雨来啦！领航班主任第二轮培训开始了，培训中专家的讲座、同行的分享，都像一股股新鲜血液注入我的身体。正逢此时，江阳区班主任大教研组成立了！班主任教研也有了领头羊——魏雪梅老师！她带着我们扎实开展的每一次区级教研活动，都给了我很大的启发。在学校德育处的共同努力下，我们的班主任教研活动趋于常态化了。我们建立了三级联动教研机制，齐心协力同抓共管；我们举行了新手班主任拜师仪式，师徒携手教学相长。我们一起梳理班主任工作成果，体验成功的快乐；我们一起诉说"班主任和孩子们的故事"，感慨为师的神圣；我们一起在线上讨论工作，打败新冠肺炎疫情的封锁。"开心一刻"让我们捧腹大笑，心理游戏让我们豁然开朗，集体备课让我们反思进步。

这学期，在江阳区德育一体化理念的引领下，在学校德育处的指导下，教研组活动有了新的突破，开启了"播行为之种，收习惯之果"主题系列活动。我们以培养学生行为习惯为出发点和目标，以"播种""插秧""耕耘""收获"四个篇章为抓手，以教研活动反推德育工作，以班主任进步促进学生成长。

## 道路漫漫，砥砺前行

两年来，我们在班主任教研的领域里摸着石头过河。也就是在这样的摸索、实践中，我们对班主任教研有了更多的认识。之前的疑惑已烟消云散，之前的不满已荡然无存。当初深陷迷雾的我，循着曙光，一路跋涉，终究拨开了云雾。我们的研修目标明确了，我们的研修理念更新了，我们的研修制度出台了，我们的研修课题立项了。

我们凭着真情实干创造了一个又一个的惊喜：2020 年 5 月，我们教研组被评为"泸州市工人先锋号"，我们是唯一获此殊荣的学校组织；2020 年 11 月，教研组核心成员集体亮相于江阳区班主任教研组活动，呈上了一盘班级管理经验"硬菜"；2021 年 4 月，我到杭州参加了"全国立德树人落实机制"优秀案例研讨会，并代表学校做了经验交流。

有了历史性的突破，如今的我不再害怕，不再迷茫，因为前有区域引领，后有学校支撑。在班主任教研组研究的道路上，我必然披荆斩棘，一路凯歌，不断成长！

# 爱与承担，静待花开

泸州市梓橦路学校　黄文彬

　　每位老师都会遇到各种各样的孩子，他们的性格、脾气、爱好、习惯、成绩等各不相同。我们经常讲"因材施教"，对于那些特殊的孩子我们往往也会讲"静待花开"。那么，我拿什么静待花开？

　　也许我们头脑里闪现的第一组关键词是"时间和耐心"。这肯定是对的，也是必需的。这也是我们最认同的，但是我经常在想，这就足够了吗？

## 了解和接纳

　　又是一个9月，我迎来了新一届的学生。其中有个男孩子叫小康。一开始我并没有觉得这个孩子和其他孩子有什么太大的不同。但是一次作业事件让我重新认识了这个孩子。开学刚两天，有科代表来向我反映小康没有交作业。我正准备到教室了解情况，就听孩子跑过来给我讲，小康在用头撞门。我赶快冲到了教室门口，这时小康已经从后门出来了。一看到我，小康就开始哭，一边哭一边用手抽打自己的脸。我急忙迎了上去，用手臂把他揽在怀里，问他怎么了。他这才哭泣着告诉我："为什么我总是忘记要做作业？"我也是第一次遇到这样的孩子，知道这个孩子与众不同。在安慰好小康后，我立即和小康的家长取得了联系，这才知道这个孩子在小学的时候做过心脏手术，全身麻醉，术后20多个小时后才苏醒，对大脑有些影响。他的父母已经离异，爷爷、奶奶在照顾他的生活和学习。他和他的双胞胎哥哥一起进入了我们学校。他经常生活在自己的世界里，在课堂上做着自己的事，经常无法理解老师的话，小学时还做过更为出格的事情。了解了孩子的基本情况后，我并没有想着把这个特殊的孩子推出去，反而觉得这个孩子应该得到老师们更多的关爱。我选择了接纳，希望他能在我的班级里健康快乐地成长。

而要做到这一点，我无疑要花费更多的时间和精力。只有先了解孩子是什么样子的，我才能为接下来的行动找到方向。于是我通过和小康的家长、哥哥和他本人多次深入地沟通，了解了孩子的生活、学习和行为情况，进而选择对孩子适合、有效的教育方法。

## 尊重和倾听

特殊的孩子的确和一般的孩子有差异，但这更需要学校为他们提供一个良好的环境，平等地对待他。

很幸运，我所带的班级是一个团结平等的集体。我在了解了小康的基本情况后，通过各种场合委婉地向全班同学介绍了小康的特殊情况，明确了和小康相处的要求。孩子们很听话，没有人歧视他，没有人嘲笑他，没有人拿他来开玩笑。寝室里的同学还教他叠被子、整理学习用品，寝室的内务卫生都是由其他同学主动承担的。每次课堂上只要他回答问题，全班都会自发报以掌声。看得出来，小康在这样一个环境中学习很是适应。

每次小康没有交作业或者遇到与同学相处的问题，我一开始都是先找他了解情况，不急于批评和指责，而是轻声地问他是怎么回事，让他自己补上。慢慢地，小康越来越信任我，遇到什么问题都愿意主动和我谈，而我也愿意当一个倾听者，听他给我讲作业为什么没有做，听他讲今天自己又惹哪位同学生气了，听他讲昨晚没有睡好觉，听他讲自己看到的一个小笑话。听他讲完，我再认真地和他分析，教会他一些解决问题的方法。在这个过程中，我发现小康在慢慢地变化了，开始独立地去完成作业，人也变得更加开朗，也要主动举手发言了。

只有学会倾听，你才能真正了解孩子在想什么，孩子的思维模式是什么，才能找到有实际效果和价值的解决之道。

## 主动和指引

我会在课堂上和课间默默地关注着他，主动找任课教师了解情况，经常和小康家长交流沟通，主动利用课余时间和小康聊天，询问各方面的情况，课堂上有意识地抽他回答问题，只要一有机会就抓住他的闪光点在全班进行表扬。

一天中午，我接到一位老师的电话，说我的班上有个孩子在食堂端着餐盘走来走去，不知道是怎么了。我连忙跑到食堂，一看，果然就是小康。他似乎出现了失忆的症状，连我是谁都不知道。我就和他一直在校园里散步，与他交流。从他断断续续的交流中，我得知，上午进行了数学考试，他考得不好。用他的话讲就是想着想着就大脑一片空白。我也不知道如何处理这种事情，只有先通知家长。没想到他爷爷一接电话，就说他是在演戏，是装的。我有些将信将疑。但是心中有底之后，我就开始第二轮交流，发现他思维清晰，但总是在回避几个关键问题。我先让他回教室休息，提醒老师和同学注意观察。午自习结束后，我又和他进行第三轮交流，这时我就把自己的一些想法直接告诉了他，鼓励他说真话，不要有后顾之忧。这次他终于说是因为数学没有考好，他不知道如何面对老师和家长，就想了这么一出。我真是哭笑不得，我很严肃地针对这一情况对他进行了教育。这是我第一次这么严肃地和小康交流，心中有些忐忑，不知小康能否接受，就偷偷地从教室玻璃窗观察了好几回。结果第二天，小康主动跑来跟我说，希望我不要为昨天的事生气，他一定改正。我心中的石头总算落了地。

静待花开不是把种子随意丢弃在某处就不闻不问，让它自生自灭。静待花开也不是把孩子随意地放置在教室的某个角落，听之任之。静待花开不是被动的适应，而应该是主动的扶持、正确的指引。我们的努力不会白费，我们一个小小的举动究竟会对孩子产生什么影响呢？也许是我们自己都无法估计的。

孩子终归在慢慢长大，伴随着他们的成长，我们不也在成长吗？当然，老师不是万能的，我们的心愿也不是都能实现的，我们的努力也不一定是有效的，但是这个过程是不可或缺的。静待花开，需要耐心和时间，需要了解和接纳，需要尊重和倾听，需要主动和指引，还需要更多的东西。也许这朵花永远不会开，那就算是一个花骨朵，就算是一棵小草，我们也可以通过努力让它绽放光彩！

# 领航路上"奋"前行,"显"芳华

泸州枫叶佳德　杨鹏

有这样一句话"好的平台,成就一生"。2018 年 7 月,当得知自己成为江阳区领航教师中的一员时,我倍感自豪与幸福。短暂的激动与兴奋过后,我陷入了沉思。作为一名江阳教育的"领航者",我用什么来引领,用什么来启航?

我不是科班出身的英语教师,没有任何优势,唯有努力学习,努力地奔跑,多读教学专著,多听、多看、多反思。天道酬勤,哪怕是一只蜗牛,我也要向着心中的远方一步一步往前走。

从 2018 年 7 月的泸州市江阳区领航教师培养计划启动开始,到 2018 年 12 月精彩纷呈的问道重庆山城,再到 2019 年 4 月泸州市江阳区"全域阅读"、2019 年 9 月江阳区"领航教师"高级研修班开班,我把这一路历程归纳为:学习、实践、修炼。

学习,孜孜以求。在领航教师团队的重庆研学中,重庆市江津区教育研究所所长刘小红老师给我留下无比深刻的印象,勤奋、主动、坚持是刘老师学习的三把金钥匙。观瞻他人,躬省自身。首先,读书增慧,博览群书,厚重自我。在高强度工作之余,我们多读书,读好书。如李镇西的《做最好的班主任》、王蔷的《基于学生核心素养的英语学科能力研究》《课程标准》等专业化成长丛书,同时还需要阅读《教育学》《心理学》等教育常识性书籍,补足自己的"源头活水"。其次,作为非科班出身的我积极利用手机上 App 学习资源,下载"英语学习 900 句""走进美国"等音频、视频资源。我每天坚持打卡 20 分钟,提升自己的口语能力,也利用抖音、快手等短视频平台,搜索学习希沃授课软件,让自己的教学"如虎添翼"。

实践,追求卓越。我们都必须全力以赴,因为我们无法预测这次机会会给你的未来带来什么变化。只有每一次全力以赴，我们才能追求卓越。我的课堂教学悄然地发生着改变。

课前，注重对学生优秀学习习惯的养成培养。我始终认为课前3分钟一直是学习习惯养成的好契机。每一次上课时，我总会提前3分钟到教室安排属于我和学生的课前3分钟。1分钟用来提醒孩子将书本从书柜里放到课桌上并整理好书桌与书柜；1分钟用来准备"三本"：听写本、课堂练习本、家庭作业本，"三笔"：铅笔、黑色签字笔、红笔；1分钟用来提醒学生趴桌上"静息"等待上课铃声响起。习惯决定成败，坚持铸就卓越。通过初中一年时间的习惯养成教育，学生们可以为初中三年的学习打下坚实的习惯基础。备好课永远是上好每一节课的前提，在设计一节40分钟的课的时候，我必须要求自己熟悉整个单元话题内容，知识的重难点。我努力为学生创设一个真实的情境，然后在脑袋里进行课堂的模拟实战，和自己较劲，和自己斗争，找到一个令自己满意的设计。

课中，尊重生命，以人为本，让每一个生命在课堂中绽放异彩。我一直秉承"教育的本质就是让每一个生命绽放异彩"的教育理念。课堂教学的每一个环节都给孩子们搭好脚手架，让每一个学习层次的孩子有话可说，有事可做。每一个生命都在真实的课堂中努力绽放属于自己的异彩。

课后，"德育润心，培优辅差融五育"。世界上没有一片相同的树叶，每个孩子也有属于自己的独一无二的成长轨迹。教育的本质更多在于"育"以真心，真情浸润心灵。沈育淞同学在入校时英语基础为零。初一、初二的时候，他的单词听写从未过关。进入初三，面对中考，我试着每节课间单独找他聊，话题从课文单词转到了生活。我了解到沈育淞特别喜欢音乐，有电吉他基础，尤其对欧美摇滚乐队感兴趣。我抓住这一机会，自己先从网上去详细了解欧美乐队排行榜以及代表作。我们的话题从英国的"披头士"乐队到"山羊皮筋"乐队，每天交流一支乐队，每天交流一支歌，我教歌词，他教唱歌，宛如一支"忘年交"摇滚乐队。坚持的力量是无穷的，半个月下来，他彻底改变了对英语学习的畏惧心理，开始主动记单词、查字典，配上他自己的吉他底子，在第一届"佳德十佳歌手"大赛中脱颖而出，勇夺桂冠。在中考中，他的英语成绩更是从原来的40多分一跃到92分（满分120分），如今他已在云南丽江古城开了一家 live house，做着自己喜欢的事，圆了自己儿时的梦。我的音乐鉴赏能力也提到了极大的提升，我想这就是教育的力量。

修炼，有为才有位。"腹有诗书气自华"。要领航，我们必须自己先启航，首先做好自我职业规划，在教育的道路上"边行走，边绽放"。苦练教师基本功，主动参与专业技能大赛，观看教育专家的课堂实录，了解最前沿的教育信息，读万卷书，不如行万里路；行万里路，不如阅人无数；阅人无数不如跟随名师脚步。2018 年，我有幸跟着江阳区英语教研员李青梅老师一起到乡城中学支教。虽然路途遥远，但我克服了高原反应的不适，结合乡城中学学情，让英语教育交流之花绽放在川西高原之上。2019 年我跟随江阳援彝团队，风尘仆仆赶到凉山州，为盐源县的老师和孩子们献课。课堂上孩子们纯真的笑容，课后与老师们畅谈教学之路的酸甜苦辣，那种成就感、满足感与幸福感足以洗去一路的风尘与颠簸。

这些年以来，"江阳区初中英语领航教师"的各项活动引领着我们这样一群青年教师行走在高品质英语教育寻梦的路上。一次次观、研、评、磨的交流，一段段深深浅浅的反思感悟，都能碰撞出智慧和成长的火花。

感谢泸州市江阳区领航教师这样的平台，让我一路学习，一路成长。

# 唯有破茧，方能成蝶

泸州市第七中学校　唐丽


　　蝴蝶之所以能拥有美丽，不仅仅是因为它在破茧成蝶时的华丽转身，更是因为它在蜕变的过程中经历了漫长的等待，承受了无数的煎熬与无奈、痛苦与艰辛！

——题记


　　一个人，最安逸的状态莫过于活在自我的舒适区。恍惚之间，十年匆匆而过，我从一所乡村中学来到了主城区的一所优质中学，摘掉了"新教师"的头衔，当上了"新教师"的指导老师，成为大家比较认可的骨干教师。对于课堂教学，我能信手拈来，游刃有余；对于班级管理，我能从容不迫，有方可循；对于教学科研，我能观点明确，小有成绩。在这样的舒适区中，我带着曾经获得的荣誉，享受着身边老师们给予的美誉，自我感觉甚好，一切甚是惬意。

## 一次讲座——遇见更出色的自己

　　2017年的冬天，我接到一个电话，来自江阳区初中语文教研员张远成主任告知我入选了"国培计划（2017年）中西部及幼师培训者培训学习"项目。没想到这个电话，让我遇见了一个优秀的语文团队；更没想到这个电话，让我改变了自己在语文专业上的发展轨道。在初中语文"1+4"研修团队中，每一次对话、每一次交流、每一次互帮互助，都成为我每一次学习的精彩。

　　打破了原有的舒适圈，我成为一名"骨干中的骨干"——面向全区教师的"培训者"。角色的转变，带给我一次又一次挑战。我经历了人生中无数的第一次，第一次专题讲座、第一次撰写专著、第一次担任"送教下乡"活动的组织者、第一次担任"工作坊"坊主。

接到第一次"送教下乡"专题讲座任务时，我得到的讲座主题是"抒情性散文的文本解读"。出于语文老师对字词的敏感分析，我找出了两个关键词"抒情性"和"文本解读"。可是，仅仅找出关键词怎么行？一次专题讲座的时间大概是一个小时，教师需要从专业的角度摆出问题、分析问题、解决问题。此时，长期处于舒适区的我才知道"书到用时方恨少"的真理，才知道自我积淀的不足。距离专题讲座只有五天时间，我该怎么办？我找不到任何突破点，只得坐在电脑前疯狂地搜索各类与讲座主题相关的理论文献、课堂实例等资料，在浩瀚的资料库里大海捞针。我把自己关在家里一整天，可终究还是找不到一点思路。

"叮叮叮……"语文教研员成哥打来了电话，我特别忐忑，心想他肯定是询问讲座准备得怎么样了。接起电话，成哥亲切地询问讲座准备情况，我支支吾吾没敢直接说出自己的迷茫。我继续把自己关在屋里冥思苦想。

成哥再次打来电话，鼓励我，也相信我能做到并做好。他为我的专题讲座出谋划策，提供思考的方向。一番交谈后，讲座的整体思维导图初步形成。我开始整理资料，梳理思路，联系教学实际，终于可以动手写讲座讲稿了。一时间，心中有种说不出来的高兴！

一次专题讲座，虽然只有一个小时，却不同于平常的上课，这是理论高度与思维方式的呈现，是一位教师从实践到认知再到反思的过程，更是一位教师从一线的实践者上升为有思想的学者的体现。准备专题讲座的过程，对于我来说就是一个阵痛的过程，敢于打破原有的舒适圈，把所谓的"优秀"归零，重新开始。

终于，在成哥的引领与指导下，在团队的帮助下，在无数次的修改后，我基本形成了一份比较满意的交流材料。但是，第二个难题来了！本次专题讲座面向的是全区语文教师，有很多德高望重的语文界的专家都会到场。我怎么开场？我怎么才可以脱稿？再次陷入困境的我只能自我安慰：走一步，再走一步，踏实走好每一步就行。怀着莫大的勇气，我站上了分享交流的讲台，有点紧张，有点忐忑，还算比较顺利地完成了专题讲座。当老师们的掌声响起的时候，我内心释然了，嘴角扬起了笑容。

"蜕变"，需要勇气，需要被挑战！历练的过程，正是一次和风细雨的滋润，"一次讲座"就像那晶莹的水滴，而我就是那洒向水滴的一道光芒，因为正好遇见，所以遇见了那七彩光谱，格外美丽。

## 一次赛课——遇见更优秀的自己

临近 35 岁的年龄，似乎与任何青年教师赛课都无关了。这次，却无比意外而又荣幸地接到了一次赛课任务——泸州市青年教师技能大赛。在尴尬的年纪，我赶上了青年教师赛课资格的末班车；在尴尬的年纪，我成为青年教师赛课中的大龄选手。

赛课的要求是从初中语文教材中自选 10 篇课文，自主准备教学设计，现场抽取其中一篇课文进行说课及课堂展示。从接到任务到正式比赛，只有短短的一周，时间紧迫。这在无形中给我增加了很多的紧张与压力。如何才能从初中教材中选出 10 篇精彩的文章，是我遇到的第一个瓶颈。"三人行，必有我师焉！"江阳初中语文"1+4"研修团队成为我坚强的后盾。大家立即组织召开了第一次研讨会议，对照着教材仔细研究，集思广益，选出了最有价值的 10 篇文章。大家的暖心行动，让我知道我不是一个人在"战斗"。在第二次会议上，团队四人分工，分别对文章教学设计进行精心修改；在第三次会议上，我开始尝试讲课与说课；在第四次会议上，团队成员进行现场模拟比赛，在文字表达上抠字眼、在语言表达上抠感情。

"幸福是奋斗出来的！"奋斗的过程也许是一种煎熬与等待，但奋斗的过程本来也就是一种幸福！一路走来，"赛课"这坛醇香的酒，不温不热，因为团队给予的温暖与帮助，才激励着我不忘初心，勇往直前，做更好的自己。

"蜕变"，需要毅力，需要被折磨！优秀教师是被"折磨"出来的，或许对自己"狠"一点，就成就了更加卓越的自己。如今的自己，不再惧怕临时的专题讲座，不再担心临时的课堂展示。这份成长的自信，正是源于身边专家的引领、团队的帮助。

清朝诗人袁枚曾说："学如弓弩，才如箭镞。识以领之，方能中鹄。"作为一名教师，自我的成长是无止境的，自我的修炼是终身的！自我成长修炼应该包括三个层面：做一个行动者，坚定不断追求卓越的愿景；做一个学习者，培养提升学术修养的意识；做一个智慧者，拥有转变思维方式的心智。

# 温暖的团队激励我成长

泸州师范附属小学城西学校　任静

　　回顾那些艰辛的赛课日子，至今仍心有余悸，也心存感动。感受最深的就是：我有一群优秀又温暖的伙伴。团结一心的力量战胜了一切困难，才让我们都收获了成功的喜悦，也让我们每一个人成长。

　　还记得那是 2018 年 3 月的一天，我接到了江阳区城区片小学数学赛课任务，当时的我既激动又惶恐，有些不知所措，更多的是感到了巨大的压力。这一战，不光代表自己，更代表学校。可是，作为泸州教育优质品牌学校，往前跨出的每一步都是很不容易的。

　　城区片的赛课，名校聚集，竞争是最激烈的。有人笑称：片区赛突围了，区赛问题就不大了。因为对手都太强大，我们唯有夯实基础、创新改革、高瞻远瞩，才能突出重围、脱颖而出。为了顺利闯过第一关，在刚选定课题时，我就开始研读课标和教材，并查找了很多的优秀案例，融合后设计了第一稿。本以为相当完美的设计，在试课时却问题多多，环节设计没层次，算理算法没讲清，课堂节奏不紧凑，课堂把控不到位。一堂课下来，我都不好意思面对磨课团队的老师们。针对遇到的问题，磨课团队帮助我进行了修改和调整。可是总有各种新问题暴露出来，虽然队友们一直鼓励着我，尽量地帮助我，但是我却越来越没有信心。我的队友们在结束一天忙碌的学校工作后，仍准时齐聚在一起，热烈谈论内容、环节、语言、动作。每次大家陪着我磨课时，我的内心很自责、懊恼、痛苦，觉得我拖累大家了！因为我自己还那么弱小。我真的能承载起大家对我的厚爱吗？所以我变得焦躁不安。精神上的强大压力，让我的身体也日渐消瘦，头发大把地掉，黑眼圈日渐严重。有一天早上，老公很心疼地说："你昨晚上说梦话把我吵醒了，你咋做梦还在上课呀！"

在领导的关心、家人的支持和团队的全力帮助下，我慢慢放下了包袱，调整好心态，用心融入团队，认真倾听每一位成员的意见，分析、调整自己的教学设计，用心感悟每一次改进的作用和目的。慢慢地，我对这节课要实现的教学目标、要体现的思想方法、要突破的重难点、要把握的课堂结构清晰起来。为了有最好的教学语言和肢体动作，教研组陪着我一遍一遍地演练，一字一句地改，一个手势、一个眼神地练；为了使课件达到最佳效果，课件组把每一张课件、每一个动画、每一个时间点都计算精准；为了保证教学用具准确无误，道具组反复测算、设计、检查。渐渐地，我的思路更加清晰了，对教学目标的把控越来越准确，课堂教学语言和互动交流语言也变得准确、灵动起来。上课的时候，我又有了信心和底气。就这样，我终于顺利地拿下了城区片和区赛第一名，顺利进入了市赛。

市赛的课题是"6的乘法口诀"。这是很简单的课题，可是越简单越不好上呀！这样的潜意识一度让我和团队成员迷茫。正当我们踌躇不前的时候，区教培中心袁小平主任、李敏老师和彭燕老师及时为我们指点迷津，亲自带领团队研读课标和各个版本教材，并要求每一位队员都要独立设计这节课，以加强团队每位成员对课程的理解和思考。三位教研员多次到校给我们团队加油打气，并亲自参与教学设计，从教学目标和重难点的设置，到教学活动和教学情景的创设和衔接，为我们提供了理论和实践相结合的细致指导，让我们在磨课中少走了弯路。为了更好地呈现教学设计效果，我自学了"希沃白板5"的使用方法。利用互动式多媒体教学平台制作的课件，得到了评委的高度评价；为了更好地了解学生的掌握情况，我将学生平板电脑融入后测环节，用数据来说话，呈现学生学习效果；为了体现生活应用，我将"6的乘法口诀"与人生相联系，渗透感恩教育。最终这一节大家都认为简单的课，被我上出了不一样的高度和深度，获得市赛第一名，顺利拿到省赛资格。

可省赛也不轻松呀！我们又抽到一个看似很简单的课题——"简单的小数加减法"。赛课规定使用的教材与我们平时使用的教材版本不同，内容编排也不相同，因此试讲时，我们面临了巨大困难。市教科所的陈光珍主任、区教培中心袁小平主任和李敏老师耐心指导，并给予了大量帮助。我仍然记得陈光珍主任带着我和团队到玉带河学校借班磨课的用心良苦，记得袁小平主任比赛当天的殷切关怀，记得李敏老师提出的针对性指导意见。正是有了这样强大的专家团队支持，成员们很快明确了目标，坚定了前行的方向。最终，省赛一等奖的荣誉留在泸州江阳、留在城西附小，这是属于团队的荣誉。

长达一年半的磨课，三个不同课题，三节不同的计算课。一路走来，我在磨课的煎熬中苦苦挣扎，幸运的是，我不是孤军奋战。我的团队永远是最有力、最安心的依靠，我的领导们永远给予我有力的支持，我的同事们永远是最坚实、温暖的后盾。他们给我的力量是那么温暖、那么有力、那么充满希望，足以让我无惧挑战，无惧失败，变得更加勇敢和自信，也让我在这进退反复中迅速成长。磨难的背后是一种蜕变的快乐，是一种被关怀的幸福，所以我很享受赛课和磨课的过程。

后来，我参加了学校每一次的重大数学磨课活动。从旁观者的角度，我能理解上课老师的艰辛和困惑，从而给出合理的建议。同时，我也感受到当初自己磨课、赛课时的稚嫩以及赛课后的成长。慢慢地，我发现自己解读教材和把握重难点的能力明显提升了，教学水平和科研水平也明显提升了。

今天，我已成为磨课团队的负责人，带着我的团队给新老师和团队里的老师磨课。我告诉自己，要把曾经感受过的那股温暖的力量传递给上课的老师，特别是新老师，要多鼓励、帮助他们在课堂教学时尽快地厘清思路、明确目标、自信大方地去和学生交流、沟通，培养学生的数学思维。

夜深了，磨课组还在激烈地讨论，常常因为一个点子把大家的激情点燃。在你一言我一语的表达中，碰撞出思维的火花，让我们的课越来越精彩，也让我看到每个人身上闪烁着的成长光芒。每每这时，总有些恍惚，好像又回到了当初自己赛课和磨课时的场景，我仿佛在他们身上看到了几年前的那群人的身影。

# 探路之行

泸州市梓橦路学校　袁晓莉

2016 年 12 月，当刚走上校长岗位时，我没有欣喜，有的只是忐忑与惶恐。

虽然已担任副校长 15 年，也分管过教学、德育、安全、后勤等工作，但对一所本身就很优秀的学校如何实现更好的发展，我心里是没有底的。根本原因在于，一直以来，自己更多的是作为副手在执行集体的决定或校长的办校方略，或仅仅是从分管工作的角度去看待问题，而没有从一个全局的角度去分析和思考学校的发展。

总想着"大树底下好乘凉"，可当有一天，赶鸭子上架似的，自己必须要成为一棵树，要努力撑起一片绿荫的时候，才发现心里没底所带来的焦虑令人很难受。

那个时候思考得最多的就是：学校教育教学质量绝不能出现断崖式下跌，梓橦的荣耀不能毁于我辈之手。可是，教育是什么？梓橦的教育将带给师生什么？我并没有非常清晰的答案。

只能边工作边思考吧！在没有更好的思路之前，我投身于日常的繁杂事务，或许表面的忙碌可以掩盖内心的焦虑吧。

时间很快流逝。还在自我安慰可以慢慢思考不用着急的时候，2017 年上半年，江阳区全域高品质学校建设正式启动。因为专家组即将第一次进校诊断，我急忙梳理学校发展历史脉络，仓促之间，勉强东拉西凑地给出了学校发展思路。问题毫不意外地在专家组面前暴露无遗：理念提法有问题、逻辑不清晰、思路不新、有拼凑感……专家们的话让我面红耳赤、汗流浃背。

痛定思痛，这才让我真正认识到：唯有自己思考，提出自己的观点，反复、认真论证，才能给出符合学校实际发展的新方案！

扎进资料里寻觅，我仿佛穿越历史来到了1901年"川南经纬学堂"首任学监赵熙的书房，赵老正在阐释校名："为学要为上下古今之学，不能只求耳目尺寸，这叫作纵。当为大通世界之学，不能拘守方隅，这就叫横。纵是经，横是纬。"移目四望，仿佛又看到1902年"川南师范学堂"校门上的那副楹联："合德智体而为士，通天地人之谓儒。"经天纬地，博古通今，学贯中西，如果我们培养的师生具有这样的眼界、格局和胸怀，其自身素养能不适应未来世界的发展吗？

再到校园中寻访，映入眼帘的是"灵性在这里创造，人格在这里升华"，抑或是源于《论语·述而》"志于道，据于德，依于仁，游于艺"的"德艺立人，悦扬生命"，及至操场上欢快的师生、课堂中琅琅的读书声、郁郁葱葱的花木……无不彰显着梓橦校园旺盛的生命力。我不断追问：教育究竟是什么？教育究竟是为了什么？梓橦，究竟应该追寻什么样的教育？

电光火石之间，"生命"二字再度进入我的脑海。回顾梓橦的历史，"生命"一词，总是若隐若现地出现在我们的各个教育场景之中。它是一种隽永悠长的味道，是一种挥之不去的气息，从最初的星星点点，渐渐地变成了深深的精神烙印，它告诉我们：教育，始终与人性、与灵魂、与人之为人的生命价值所关联。教育不是为了培养工具人、技术人、知识人或运动员，而是为了培养全面发展、既有有趣灵魂又有责任担当的"人"。教育的终极目标，为了生命与传承，为了生活与快乐，为了生态与共存。教育者的使命就是"成人之美"，成就人性之美，成就生命之美。梓橦，当追寻"生命教育"，并继续沿着前辈们的道路，努力培养愉悦幸福、挺拔昂扬的梓橦师生，那就是——生命教育，悦扬梓橦！

可是，这样的想法对吗？极度不自信的我，其实迫切地希望得到认可与鼓励。

教培中心芝伦主任及时伸出援手。芝伦主任陪同专家组到过我校调研，非常清楚我和我的伙伴们面临的问题。所以，当我拿着新写出的稿子和他约时间讨论时，他毫不犹豫地答应了。整整半天，我们争论"生命教育"与"生命化教育"的不同意义所在。我们探讨学校应当成为什么样的校园？老师、学生应当是什么样的生命状态？如何用课程来实现学校的办学理念？虽然最终没有得到尽善尽美的答案，但学校的发展方向越来越清晰。

在这个过程中，我还有另一个收获：对教育理想、主张、学校发展的不断思考和追寻，并不仅仅是为了个人和学校的荣誉，其真正的出发点和归宿地是学生和老师的生命发展，是为了以此来推动社会的发展，更是为了以此创造国家、民族乃至人类的美好未来！所以，对教育的思考永无止境，在此过程中，我们当保持自身的定力，坚定地担负起教育的责任，走出属于梓橦的教育之路！

武侠小说中常说：任督二脉一旦打通，往往一通百通。我有了一点豁然开朗的感觉。

比如，什么是学校文化？我的理解是：学校文化就是无须强迫，师生均能自愿遵守并能自觉维护的准则；是无须提醒，师生在做人做事时总能坚持的标准；是不受时空限制，师生已具有的独特思想意识、思维模式、言行特征和精神气质，是学校群体形成的共有人生观、世界观和价值观。那梓橦究竟可以给曾在此学习生活的师生留下什么样的烙印？由此，我初步梳理出"梓橦文化"五个方面的内涵，即"悦扬梓橦"的育人文化，"智橦（通）道合"的教学文化，"橦籽花开"的活动文化，"大美梓橦"的校园文化，"橦情达理"的管理文化。

时至今日，越学越思越知不足。但为了"勇争第一，永争第一"的梓橦精神，为了"教天地人事，育生命自觉"的"生命教育"主张，为了中小幼三个学段齐头并进，优质发展，为了"五育融合"的梓橦育人道路，我们唯有不断前行，坚定前行！

幸甚的是，同行者众。

# "熟悉的陌生人"

## ——口语交际

泸州师范附属小学校　刘旭

在四川省小学语文优质课赛课结束后，我收到了生平第一幅成都王维令老师专门赠送给我的对联，这是他对我口语交际课的评课语——"师生情父母情中华情情情相映，工具味人文味互动味味味纯真"。我用十二分的努力赢得了王老师给予我的肯定和鼓励。

### 积厚水，负大舟

在接受赛课任务前，口语交际对于我来说是"熟悉的陌生人"。我已经连续几年为北方妇女儿童出版社，专题写作"口语交际"专栏。但是，从笔头设计到教学设计，还是有很大差距的。我突然就对"水之积也不厚则负大舟也无力"有了透彻的理解。

我下定决心学习理论知识。始料未及的是：自认为在这样一个信息发达、图书众多的时代，我可以轻松获得想要的学习资料。但是现实是很少有书籍专门研究口语交际。于是我直接进行教学设计。幸运的是我从《语文课程与教学内容》中的第四章第九节找到了"口语交际的教学内容和活动设计"。短短的一小节文字，并不能满足我对口语交际深入探究的好奇心。我想这是国内的口语交际的论述，那么国外的相关论述有没有可以值得借鉴的内容呢？我又在《外国小学语文教学研究》中的第六章找到了"外国小学口语交际教学研究"。渴望全面了解口语交际的好奇心还不满足，我想有没有一本能够完整阐述口语交际的书呢？我自己寻遍了泸州的实体书店和当当网都没有发现这样的书。我赶紧发动家属，也帮忙四处寻找。功夫不负有心人，终于找到了！但对方仅能提供影印版，也就是说是复印的，且开出了高价，但我还是将它买下来了。于是，我有了一本不太清晰的复印版的《口语交际教例剖析与教案研制》。从头开始学习，我总算对口语交际有了较为清晰的认识。

我又想能不能跳出只为教学服务的圈子，从另外的角度审视。于是我找到厦门大学李琦教授的《道亦有道》，此书是专门用来为机关、企业作实用性的语言培训。果然，有时候"不识庐山真面目"，就是"只缘身在此山中"。我积累了一些理论基础，便开始走向实例研究。读李莉莉编的《小学语文口语交际教案选粹》，才不会仅仅是点头接受，而是带着批判的眼光去思考案例；读《于永正课堂教学实录》方能感受到真实情景创设的无穷魅力。

## 纸上得来浅，须躬行其事

根据我个人的喜好，我最终确定口语交际现场课的课题为"说名道姓"。一开始，有热心的朋友给我指出："介绍口语交际，尚且可以说说自己的兴趣爱好或是精彩故事，你就介绍姓名，有多少话题可说呢，太枯燥了。"猛一听，似乎有理，但我并未就此放弃。

此时，前面大量的书籍阅读就给了我思考的力量。在口语交际中，越是接近生活的口语交际，就越具有反思性。我所选定的话题，不正是印证了这一点吗？静心思索，我发现在介绍姓名时，人们往往很快就忘记了。这样的反思，促成了我设计"道姓有方"的雏形，并提炼出了介绍姓氏时的多种方法：名人联想法、反证法、字形介绍法、引经据典法、调侃幽默法。

指向方法的要素有了，可是感觉课堂的内容有些单薄，于是我又进行了大量的姓氏文化的书籍学习，最终提炼出适合小学生理解的内容并配有音频材料。

那姓氏从何而来呢？有研究认为姓氏最早起源于部落图腾崇拜（比如熊姓），或源于祖先的官职、封地等（如尹姓）。最早，并不是人人有姓氏，仅有贵族才拥有姓氏。

在中国，记录姓氏最著名的一本书叫《百家姓》，它收录了504个姓氏，但这只是中华姓氏的冰山一角。据统计，中华姓氏多达上万个，有单姓，如一个字的赵、钱、孙、李；有复姓，如两个字的上官、欧阳；还有三字、四字甚至是十几个字的姓。

　　俗语说："行不更名，坐不改姓。"其实，由于历史原因，人们有可能会因为避仇或受封赏而更改姓氏。

　　古代，分姓和氏。后来，姓氏合一。现在我们谈到的姓氏就是指姓。有人随母姓也有人随父姓。但无论怎么样，姓氏始终是一个人家族系统的血缘符号。每个姓氏都有意义深刻的来历，是超越时空、贯通古今的文化活化石。

　　课堂有了工具性和人文性的并进，也有了交际的内容和交际的形式。可是作为口语交际课，我总感觉有种"隔靴搔痒"的感觉。于是我请来教研员专家给予指导。在听完试讲后，专家的一句话惊醒梦中人——这节课最大的问题在于"没有真实的交际情景"。对于四年级的学生，同学们早已相互熟悉，再谈姓与名，简直是多此一举。是的，我们在进行教学设计时，常常只关注了从教师角度出发的"教"，而忽略了学生真正需要的"学"。

　　最终，我将"说名道姓"口语交际课，定位为前半节课进行方法与技能的习得和操练，后半节课让学生走向观众席，在真实的交际场去练习和检验"说名道姓"。

　　在这次口语交际赛课中，有两个概念在我的脑海中留下了深刻的印象，"口语交际要从学生的实际出发，这是课堂设计的逻辑起点""尽可能地让学生置身于真实的交际场，他们才会有交际的动力和收获"。

# 我和青年教师一起成长的故事

泸州市泸南中学　李洪飞

人生就是不断学习互助的过程。我们应该向优秀的人学习，让自己变得优秀，从而影响他人，让他们也慢慢成长起来变得优秀。

从教二十余载，回顾这一路的教师生涯，路漫漫其修远兮，我将上下而求索。2013 年，我来到泸南中学，担任了数学组备课组长。此后的几年时间里，我和我的团队一路披荆斩棘，不管是教学成绩还是市区赛课，都取得了一个又一个傲人的成绩和荣誉。在这里，我很想和大家分享我辅导一位青年教师聂济赛课成长的经历，让大家了解我们泸南数学团队的团结和凝聚力。

2019 年 6 月初，我们接到泸州市总工会和教体局关于举办泸州市中小学青年教师教学竞赛的通知，要求 6 月中旬区上预赛，选出一位选手参加 6 月 29 号的市上比赛。时间迫在眉睫，我们只有一周的准备时间。我当时脑海里就定了人选——聂济老师。聂济是我们数学组最年轻的青年教师，是西南大学免费师范生数学教育硕士，专业素养过硬，但教学经验缺乏。

后来，赛课的题目定为"等腰三角形的性质"，我找到小聂和她初步商量了教学设计思路。第二天，小聂就拿出了说课稿和教学设计。时间紧迫，我马上联系了组内几个有赛课经验的老师，约好下午去学校找一间教室指导小聂。区上的赛课要求是说课，小聂虽然已经参加过校级赛课并获得一等奖，也参加过市级送教下乡，但说课还是第一次。我们根据小聂当天的说课表现，从教学设计到教态语言等各方面着手，一一给她指导和修正。同时，我还录了她当天说课的视频，让她自己反复看，找问题再改。经过反复修改后，她的教学设计、教学语言等都有了明显的优化。

小聂的学习能力比较强，在听了我们团队的建议之后，又迅速对说课稿作了修改。她除了上课之外都坐在电脑面前准备资料，改好之后我们又再在小会议室磨了几次课，看到她面对我们说课越来越从容自如，我对她此次参赛有了信心。果然，功夫不负有心人，在周五的区上说课比赛中，小聂以总分第一的绝对优势脱颖而出，受到数学教研员王老师以及其他评委的一致好评。我们享受着胜利的喜悦，但同时还将面临更加残酷的赛制和竞争。

接到小聂将代表江阳区参加市上赛课的通知，我们也接到了残酷的赛制要求。这次市赛不同于区赛，要求参赛选手准备 10 个课例，在参赛前 10 分钟随机抽选课题参加比赛。这个赛制无疑是残酷的。在辅导员王晓兰老师的指导下，我们迅速确定了 10 个课题，接下来就是反复磨课。平常打磨一堂课都不容易，更别说 10 个课例，而且准备时间只有 10 天。作为备课组组长，我义不容辞地和小聂一起研读教材教师用书、分析教学设计，收集资料，学习优秀的赛课课例。

这个准备过程无疑是令人痛苦和煎熬的，但是这些用心和投入，都让自己收获了成长。每一次思考、每一次质疑、每一次改动，都让我对自己的课堂有了更深刻的认识。有时候，我竟然忘了是在比赛，尽情地去享受一次次思维的历练，去欣赏一个个近乎完美的课例，去感受一次次思想的升华。最终，小聂以泸州市一等奖的成绩给自己长达一个多月的辛苦准备画上了圆满的句号，也代表我们数学组给泸南中学增添了一份可喜的荣耀。当天小聂在她的朋友圈写下这么一段话：感谢为我磨课无数次的王晓兰老师、张建军校长、李洪飞组长以及数学组所有的老师。拓宽自己未知边界的过程是辛苦的，但越过去，你就会看见一个更大的世界！

是啊，越过去，你就会看见一个更大的世界！我想这也是我的感受。小聂在学习和磨砺中成长，我也在辅导她成长的过程中收获了许多。亦师亦友一起变得更优秀，去看看他人的优秀，才能看清自己的不足，让自己变得优秀，然后去影响更多的人一起优秀，我想这就是我们学校"青蓝工程"结对帮扶的意义吧！

# 参考文献

［1］余秋雨. 山河之书［M］. 武汉：长江文艺出版社，2013.

［2］圣吉. 第五项修炼：学习型组织的艺术实践［M］. 张成林，译. 北京：中信出版社，2018.

［3］李琦. 道亦有道：口语交际的策略与方法［M］. 北京：清华大学出版社，2014.

［4］朱永新. 我的阅读观［M］. 北京：中国人民大学出版社，2012.

［5］李怀源. 小学读整本书教学实施方略［M］. 上海：华东师范大学出版社，2020.